Roderich Ptak
China und Asiens maritime Achse im Mittelalter

Das mittelalterliche Jahrtausend

Im Auftrag der
Berlin-Brandenburgischen
Akademie der Wissenschaften

Herausgegeben von
Michael Borgolte

Band 5

Roderich Ptak
China und Asiens maritime Achse im Mittelalter

—

Konzepte, Wahrnehmungen, offene Fragen

DE GRUYTER

ISBN 978-3-11-062295-9
e-ISBN (PDF) 978-3-11-062635-3
e-ISBN (EPUB) 978-3-11-062311-6

Library of Congress Control Number: 2018967626

Bibliografische Information der Deutschen Nationalbibliothek
Die Deutsche Nationalbibliothek verzeichnet diese Publikation in der Deutschen National-
bibliografie; detaillierte bibliografische Daten sind im Internet über
http://dnb.dnb.de abrufbar.

© 2019 Walter de Gruyter GmbH, Berlin/Boston
Umschlagabbildung: Zheng Hes Schiffe. Taishang shuo Tianfei jiuku lingyan jing.
Druck und Bindung: CPI books GmbH, Leck

www.degruyter.com

Zum Thema

Zunächst vielen Dank für die großzügige Einladung nach Berlin und die freundliche Einführung. Es ist mir eine Ehre, in diesem Hause vortragen zu dürfen, und ich hoffe, dass meine Ausführungen in etwa Ihren Erwartungen entsprechen werden.

Worum geht es? In zeitlicher Hinsicht um die Periode ca. 1000 bis 1500, konventionell also um die späteren Segmente des Mittelalters, wobei das 15. Jahrhundert im Mittelpunkt steht und deshalb der Blick gelegentlich auch in die Neuzeit wandert; und in räumlicher Hinsicht um die seegestützten Verbindungen und Handelsrouten zwischen China bzw. Japan im äußersten Osten und den Häfen entlang des Roten Meeres und Persischen Golfs im „fernen" Westen. Das schließt weite Teile des nördlichen Indik mit ein, verschiedene Zonen Südostasiens, ferner die See- und Küstenräume im direkten Einzugsbereich von China, Korea und Japan. Dabei habe ich als Sinologe natürlich eine besondere Brille auf, drum auch meine Vorliebe für die Meere jenseits der Singapur-Straße wie zugleich dafür, die Dinge bisweilen aus östlicher Perspektive zu referieren, die mutmaßliche Rolle Chinas hervorzuheben, nicht also in umgekehrter Richtung vorzurücken, von West nach Ost – etwa, wenn es um die Ereignisgeschichte geht.

Gewiss, die Verbindungen zwischen den beteiligten Küstenorten in allen Einzelheiten erfassen zu wollen, wäre vermessen; selbst wesentliche Geschehnisse ließen sich kaum in einem kurzen Aufsatz nachzeichnen, zumal auch in der Wissenschaft bis heute erstaunlich viele Fragen einer Klärung harren. Ein Blick in die monumentale und recht neue französische Abhandlung von Philippe Beaujard, nur das sei entschuldigend angemerkt, verdeutlicht die Schwierigkeiten.[1]

Gleichwohl werde ich versuchen, wenigstens einige besondere Merkmale vorzutragen und dabei übergeordnete – oder sagen wir ruhig: methodische – Punkte einfließen zu lassen. Grundsätzlich gilt: Eigentlich sollte es um Austausch im weitesten Sinne gehen, nicht allein um das Merkantile, um Handel. Kurz, der Transfer von Gütern und Ideen in seiner Gesamtheit steht zur Debatte, der eigentliche Handel ist nur ein Posten innerhalb einer großen Matrix; mithin sollte der maritime Historiker die Zirkulation von Religionen, Ideen, Rechtsnormen, Baustilen, Pflanzen und Tieren, medizinisch und technisch relevantem Wissen, Beobachtungen aus dem Alltagsleben usw. berücksichtigen – quasi alle denkbaren Lebensbereiche. Quantifizierbar sind diese Elemente leider nur selten; wie sehr sie auf eine Region wirkten, Aufstieg und Niedergang bestimmter Orte und

---

[1] Beaujard 2013.

Kulturen prägten – darüber können wir bestenfalls mutmaßen. Hiermit sind wir mitten in der Gedankenwelt von Fernand Braudel angelangt und folglich bei der weithin bekannten Vorstellung, Geschichte sei als ein Ensemble von *échanges* zu deuten, das wir als Historiker und Philologen sichtbar machen sollten. Diese Vorstellungen sind natürlich bis zu einem gewissen Grade auf die maritime Welt Asiens übertragbar.[2]

Und noch etwas: Offenbar wird Geschichte meistens so geschrieben, als würden alle Augen vom Land auf das Meer blicken, seegestützte Aktivitäten einem exotischen Anhängsel gleichen, die vom trockenen Untergrund her zu erfassen sind. Braudel und andere ermöglichen die umgekehrte Schau. Bildlich gesprochen: Der Historiker sitzt in einem Boot, mitten im Ozean. Er beobachtet, wie Dinge wandern, von einem Ufer zum anderen, und versucht die Mechanismen hinter diesen Prozessen zu ergründen. Folglich hat er wichtige Häfen und Inseln im Visier, aber nicht so sehr das Hinterland, etwa die Gebiete jenseits der Western Ghats oder das Innere Kalimantans. Diese Territorien gehören zur Domäne der, salopp gesagt, „Landrattenhistoriker".

Auch hinsichtlich der zweiten Dimension, der Zeit, beschreiten Angehörige beider Zünfte bisweilen getrennte Wege: Für Braudel und sein berühmtes Mittelmeermodell sind besonders Langzeitphänomene wichtig. Hingegen erscheinen Kaiser und Könige, Entrepreneure und Admiräle in schneller Reihenfolge, verschwinden nach kurzer Zeit wieder; ja, fast möchte man sagen, sie sind auf der historischen Bühne Figuren, die man austauschen kann. Selbst für manchen Ort gilt Ähnliches. Oftmals konvergieren Handel und Kulturtransfer innerhalb einer Region in x, nur wenige Jahrzehnte später werden Substitutionseffekte wirksam, y erhebt sich, der erste Ort verliert an Bedeutung, gerät schließlich in Vergessenheit. Sogenannte Netzwerke halten dagegen meist länger, überleben nicht selten Monarchen und Staaten. Zu den eigentlichen *longue durée*-Phänomenen aber zählen jene Elemente, die ausgetauscht werden, außerdem naturgegebene Faktoren, welche sich von Menschenhand kaum oder gar nicht ändern lassen.

Hier geht es mir – fast klingt es arrogant, aber es ist nicht so intendiert – um das Dauerhafte, das angeblich oder tatsächlich Wesentliche, nicht um den unendlichen Strom von Details. Gewiss, wer so argumentiert, müsste in vielen Bereichen zu Hause sein, etwa in der Archäologie, vor allem aber die vielen Quellensprachen beherrschen, in denen die relevanten Texte verfasst sind. Doch in meinem Unwissen bin ich nicht allein; deshalb gilt auch – und es wird wohl stets so bleiben –, wir sehen und kategorisieren die Dinge im Rahmen des Eigenen,

---

[2] Zu Braudel'schen Kategorien und Asien etwa: Lombard 1998; Wong 2001; Sutherland 2003; Gipouloux 2009; Ptak 2001, 2007, 2017a.

gewollt oder ungewollt, Systeme von Austauschbeziehungen, die wir konstruieren, ob in Asien oder anderswo, bleiben immer gefärbt. Selbst von Braudel heißt es, als er über das Mittelmeer philosophierte, habe er die europäisch-französische Sicht überbetont, die osmanische Komponente hingegen vernachlässigt.³ Im Klartext also: Maritime Geschichte ist wie eine Spielwiese – man kann sie leicht instrumentalisieren, darauf werde ich später mehrfach zurückkommen. Mein primäres Anliegen ist es allerdings, im Rahmen der skizzierten Vorgaben einfache Fragen zu stellen, scheinbar Gesichertes kritisch zu beleuchten, hier und da bewusst zu provozieren, Gedanken aufzufädeln – freilich ohne klare Antworten geben zu können. Die Liste der offenen Punkte ist unendlich lang, und es besteht der Eindruck, dass sie im Laufe der Jahre noch länger werden wird. Dass ich dabei bekannte Modelle, welche für einige Historiker in der maritimen Branche von großer Bedeutung sind, außen vor lasse, höchstens an Braudel erinnere, muss nicht eigens betont werden.⁴

---

3 Kritische Bemerkungen z. B. in Subrahmanyam 1998.
4 Zu denken ist hier z. B. an J. Abu-Lughod, V. Lieberman oder I. Wallerstein, an viele kürzere Werke, die zur Kategorie der „connected histories" gehören oder wenigstens vorgeben, entsprechend aufgebaut zu sein, sowie an allerlei übergreifende Darstellungen zum Mittelalter.

Räume und Routen

Betrachten wir nun die räumliche Komponente etwas näher. Bereits hier fallen Ungereimtheiten auf. Historiker, die an den Austauschbeziehungen innerhalb des Indischen Ozeans interessiert sind, betrachten das Südchinesische Meer, die Java-See und sogar einige Meeresgebiete noch weiter östlich, bis hin zu den Ryukyu-Inseln, gerne als Teil ihres Terrains. Anders formuliert, „Indian Ocean Studies" wird auf ein Kontinuum bezogen, das von Ostafrika bis zur chinesischen Welt reicht. Historiker aus Fernost können dem entgegenhalten, dass die Distanz zwischen der Korea-Straße und Singapur in etwa ebenso lang ist wie die zwischen Singapur und Basra; deshalb sei die nominelle Vereinnahmung des Ostens durch jene, deren Perspektive indischen Bedürfnissen entspreche, kaum zu rechtfertigen – ganz abgesehen von der Bedeutung des ostasiatischen Seeraumes überhaupt. Südostasien-Fachleute wiederum, stets auf der Suche nach identitätsstärkenden Merkmalen, betonen gerne das Eigene: Geschichte und Kultur der – grob gesprochen – malaiisch und javanisch geprägten Orte seien enger mit der See verflochten als die Geschichte und Kultur ihrer jeweiligen Partner in Ost- und Südasien. Solcherlei nährt den Verdacht, es gehe darum, über Jahrhunderte währende Einflüsse aus China und Indien herunterzuspielen.

Auch mit Blick auf den Fernen Osten, und nur auf diesen, führt die räumliche Komponente zu allerlei Fragen: Gehören die Korea-Straße, das Japanische Meer und die kalten Gebieten jenseits von Sachalin und Hokkaido, bis hinauf nach Kamtschatka, also das Ochotskische Meer, mit zum Gegenstand der Betrachtung? Koreanische Historiker haben mehrfach vorgeschlagen, das eigene Terrain in den Mittelpunkt einer gedachten Großregion zu rücken.[1] Die Distanz zwischen dem heutigen Pusan und dem Norden Kamtschatkas wäre dann in etwa so groß wie die zwischen Pusan und der Malaiischen Halbinsel. Sind solche Vorschläge sinnvoll? Wo hört das asiatische Seefahrtsgefüge auf? Ist die Torres-Straße zwischen Neuguinea und Australien eine natürliche Barriere? Gehören die Nordküste Neuguineas, die Salomonen, Guam und andere Inseln östlich der Philippinen irgendwie dazu?

Hier ist ebenso an die zeitliche Dimension zu denken. Die gedachte Aufteilung und Benennung der Seegebiete von Ostafrika bis hin nach Korea und Japan hat sich im Laufe der Entwicklung verändert. Unser heutiges Raster – ja sogar die

---

[1] Jüngstens etwa der Beitrag von Youn Myong-chul 尹明哲 in Jeong Moon-soo et al. 2015. Einen anderen Vorschlag liefert Hamashita Takeshi 濱下武志 im gleichen Band. Letzterer betont besonders die japanische Komponente. Ähnliches hat der genannte Autor auch mehrfach an anderer Stelle geäußert.

Vorstellung, es gebe einen südostasiatischen Raum – ist vergleichsweise neu. Mittelalterliche Texte aus den Perioden Song und Yuan sprechen hingegen vom Ostarabischen Meer und meinen damit die Arabische See, vom Lamuri-Ozean, also den Gewässern zwischen Sri Lanka und Nordwestsumatra, oder vom Kleinen Ostmeer, in etwa identisch mit der Sulu-See und ihrem Umfeld, im Gegensatz zum Großen Ostmeer. Diese Konzepte bleiben lange erhalten und werden im Laufe der Jahrhunderte nur leicht modifiziert.[2]

Ähnliche Beobachtungen gelten für die Küstenzonen; in einigen Fällen bleibt die Wahrnehmung nahezu konstant, bisweilen sind Änderungen festzustellen. Mittelalterliche chinesische Quellen sprechen vom sogenannten Qizhou yang 七洲洋, wörtlich vom „Sieben-Insel-Meer"; sie beziehen sich damit in der Regel auf die See rund um eine kleine Felsengruppe östlich vor Hainan. Andere Texte berichten vom Jiuzhou yang 九洲洋, vom „Neun-Insel-Meer": Dieses Toponym bezeichnet ein kleines Gebiet nordöstlich der heutigen Macau-Halbinsel, im Mündungsbereich des Zhujiang 珠江.[3] Doch die alten Benennungen sind inzwischen fast vergessen.

Besonders interessant bei solchen Überlegungen – und bei der Deutung alter Toponyme, die größere Seeräume betreffen – ist die Beobachtung, dass im späten Mittelalter die Raumaufteilung gerne an gedachten Seerouten festgezurrt wird. Wiederum mag ein Beispiel als Erklärung dienen: Fuhr ein Schiff von Quanzhou 泉州 oder Guangzhou 廣州 gen Süden, dann folgte es zumeist der sogenannten Westroute 西航路, die an den Gestaden des heutigen Vietnam vorbeilief und bis hinunter zur Ostseite der Malaiischen Halbinsel reichte. Bis hierher ungefähr dehnte sich auch das Kleine Westmeer 小西洋 aus; nach Umrundung der malaiischen Südspitze ging es schließlich hinein in das Große Westmeer 大西洋, noch immer entlang der gleichen Route. Bemerkenswert ebenso, das Westmeer wurde mal als Einheit wahrgenommen, mal als Ensemble verschiedener Einzelmeere.

Auch die Konstruktion der östlichen Meere war im Mittelalter, um ein zweites Beispiel zu nennen, bis zu einem gewissen Grade an Seerouten gekoppelt. Das betraf vor allem den Weg von Quanzhou durch die Taiwan-Straße hinüber zu den Penghu-Inseln 澎湖群島, dann weiter in Richtung Süd-Taiwan und von dort nach Luzon, zur Manila-Bucht sowie Mindoro und schließlich hinein in die sogenannte Sulu-Zone, in jenes Seegebiet also, das heute gleichsam zu den „Inlandsmeeren" der Philippinen gehört. Die betreffende Route, oftmals kurz „Ostroute" 東航路 genannt, wird in Texten der Epochen Song und Yuan deutlich sichtbar und för-

---

[2] Zur Aufteilung der Meere unter den Song und Yuan z. B. Ptak 1998 und 2004a. Zu Lamuri (Lambri etc.) z. B. Ferrand 1907; Edwards McKinnon 1988; Perret 2014 (Überblick).
[3] Zu den genannten Meeresteilen z. B. mehrere Beiträge in Han Zhenhua 1996 und 2003.

derte die Herausbildung von Bezeichnungen wie „Kleines Ostmeer" 小東洋 und „Großes Ostmeer" 大東洋.[4]

Inzwischen sind die seeroutengeleitete Segmentierung des Raumes und die damit einhergehenden Vorstellungen von Austauschbeziehungen selbstverständlich anderen Modellen gewichen. Das wiederum hat dazu beigetragen, dass heute gültige Namen oftmals wenig deckungsgleich sind. So verstehen Chinesen unter dem Nanhai 南海 nicht immer das, was wir im sogenannten Westen mit der „South China Sea" bzw. dem Südchinesischen Meer verknüpfen. Letzteres ist nach unserem Verständnis kleiner als das Nanhai, welches bis weit in die malaiische Welt hineinreicht. Allerdings bleibt die Südgrenze des Nanhai in der Regel undefiniert, und hinsichtlich der Zugehörigkeit des Golfs von Siam (oder Thailand) zu einer übergeordneten Einheit gehen die Meinungen ebenfalls auseinander. Nur etwas ganz anderes ist klar: Mit ein wenig Einfühlungsvermögen und rhetorischem Geschick kann man den meisten Systemen der Raumaufteilung eine religiös-kosmologische oder gar politisch gefärbte Dimension unterstellen. Das war wohl zu allen Zeiten so, aber hierauf will ich an dieser Stelle nicht weiter eingehen.

---

[4] Zu den Seewegen der Chinesen – besonders zwischen China und Südostasien – z.B. Liu Yingsheng 2012; Wade 2013; Ptak 2000, 2007 (mehrere Kapitel) und 2016; Zhou Yunzhong 2015 (vor allem Kapitel 6 und 7). Eine umfassende Sammlung mit alten nautischen Texten in chinesischer Sprache: Chen Jiarong/Zhu Jianqiu 2016. Bekannt ist ferner Xiang Da 2000a. Zu den späteren Routen der Portugiesen – wiederum besonders in Südost- und Ostasien – etwa: Manguin 1972; Moura 1972; Matos 2018. Zu den Routen der arabischen Seefahrenden sind viele ältere Studien bis heute unverzichtbar, etwa Ferrand 1913–1914. Ein neueres Werk, das u. a. die Wege zwischen Indien und Südostasien nennt: Tibbetts 1979.

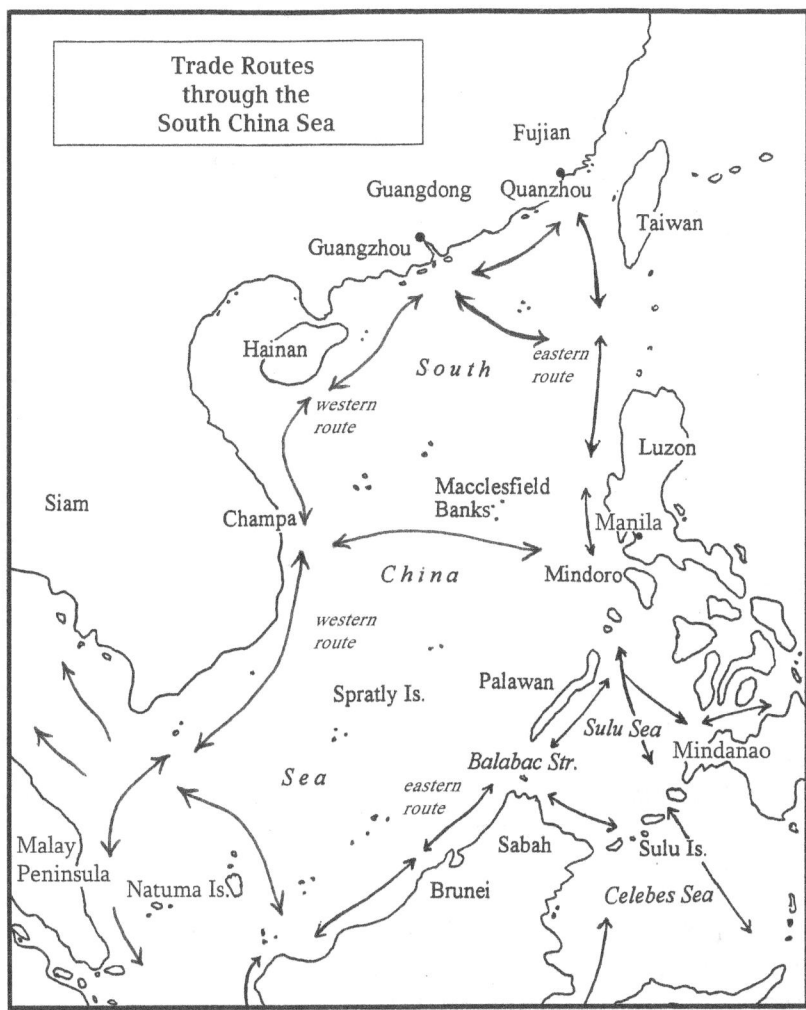

Abb. 1: Die West- und die Ostroute. © R. Ptak. Die Westroute läuft entlang des chinesischen Festlandes, passiert Hainan und die Küste des heutigen Vietnam, reicht bis zur Malaiischen Halbinsel und umrundet diese in Richtung Melaka und Indischer Ozean. Im Gebiet südlich von Vietnam durchziehen mehrere Ableger der Hauptroute das Südchinesische Meer. Die Ostroute verbindet China via Taiwan mit den Philippinen. Das Segment entlang der Nordküste von Borneo/Kalimantan ist als Bindeglied zwischen beiden Systemen zu betrachten. Auch wenn es möglich war, zwischen Champa (im zentralen Teil Vietnams) und Mindoro (an der Westseite der Philippinen) zu verkehren, so wurde diese Möglichkeit vermutlich nur selten genutzt; in alten Texten sind jedenfalls kaum Anhaltspunkte hierfür zu finden.

Die Maritime Seidenstraße

Ein bekanntes Konzept sollten wir jedoch näher betrachten, denn es ist längst wieder ziemlich aktuell geworden und wird uns auch in diesem Beitrag beschäftigen – die sogenannte „Maritime Seidenstraße". Grob gesprochen ist hierunter die lange Seeroute quer durch die asiatischen Meere zu verstehen, die China im Osten mit den Küsten rund um den Persischen Golf und das Rote Meer verbindet, via Südostasien, Sri Lanka und Indien. Aber um was genau handelt es sich dabei? Sollen wir die betreffenden Meeresräume in ihrer Gesamtheit, also mit allen Küstengebieten und Inseln, in diesem Konzept unterbringen? Falls ja, dann entspräche die Maritime Seidenstraße einer langen Kette von Seegebieten, miteinander verknüpft durch Meerengen.

In diesem Falle könnte man, wie an anderer Stelle von mir beschrieben, nach maritimen „Universalien" suchen, quasi Merkmale herausfiltern, die hier wie da erkennbar sind; gleichzeitig gäbe es aber auch Elemente, die den einen Teilraum vom jeweils nächsten unterscheiden würden. Nach Festlegung eines entsprechenden Kriterienkatalogs, und seiner Anwendung auf einzelne Regionen, wäre schließlich zu fragen, ob die Gemeinsamkeiten überwiegen oder die Unterschiede wichtiger sind.[1]

Doch was eigentlich wollen oder sollten wir vergleichen? Geographische, naturgegebene Faktoren? Oder möchten wir ebenso mit von Menschenhand geformten Elementen spielen, mit Braudel'schen Austauschkategorien, etwa mit Handel und Kulturtransfer – bzw. lieber die Zirkulation von Ideen und Ähnlichem ins Visier nehmen? Vielleicht kämen wir am Ende, nach äußerst komplexen Überlegungen, zu der Annahme, die Maritime Seidenstraße sei in der Tat eine Kette ähnlich gearteter Meeresräume, in räumlicher wie zeitlicher Hinsicht; mithin seien das Studium einzelner Gebiete wie auch die Betrachtung des Ganzen unter dem Dach einer einzigen Disziplin zu vereinen.

Vermutlich wäre ein solches Vorgehen mit einer ganz besonderen, impliziten Annahme verknüpft: Wir hätten es mit einer langen Haupttrasse zu tun – von China bis Westasien – und mit vielen Nebenrouten in den Teilmeeren. Damit käme die Maritime Seidenstraße einem großen, vielschichtig strukturierten System gleich, nicht unähnlich dem System der Überlandwege quer durch Zentralasien, das ja gelegentlich ebenfalls als ein Ensemble von Räumen wahrgenommen wird. Im Falle der Maritimen Seidenstraße, so wäre zu ergänzen, würde die Haupttrasse vor allem für den Fernhandel und den Austausch über lange Distanzen stehen; die vielen Routen, welche die indische Ostküste quer durch die

---

[1] Vgl. z. B. Ptak 2011b: Kap. II.

Bengalische See und das Andamanische Meer mit Tenasserim und der Westseite des heutigen Malaysia verbanden, ließen sich dagegen eher als regionale Komponenten definieren, um einen anderen Fall zu nennen.

Freilich könnte man von diesem Gesamtkonzept miteinander verketteter Zonen radikal abweichen und die Idee der Maritimen Seidenstraße auf die Haupttrasse beschränken. Voraussetzung hierfür wäre zumindest eine saubere Definition dessen, was unter Fernhandel oder Austausch über lange Distanzen zu verstehen ist, und damit eine klare Abgrenzung vis-à-vis allen übrigen Routen und Räumen. Ob sich derlei in ein brauchbares Modell umsetzen ließe – ich weiß es nicht; zuviel Theorie bringt uns ohnehin nur selten weiter, vielleicht sollten wir daher nicht allzu eng an abstrakten Vorgaben kleben.

Ganz abgesehen davon bergen diese Überlegungen noch ein anderes Problem, das ich bereits angesprochen hatte. Im späten Mittelalter gingen die Chinesen von einer routengeleiteten Einteilung der See- und Austauschzonen aus. Heute betrachten wir eher die Räume „an sich", oder aber wir sprechen über einzelne Routen als separate Phänomene. Dabei vergessen jene Historiker, die ganze Seeräume, nach außen hin begrenzt durch entsprechende Küsten, als Basis für ihre Betrachtung wählen, im Grunde einen wichtigen Sachverhalt – nämlich, dass es innerhalb der meisten Meere stets gewisse Zonen gab, die abseits der bekannten Routen lagen und auch nur selten Erwähnung fanden. Diese abseitigen Flächen sollten eigentlich nicht zum Gegenstand der Analyse zählen dürfen. Im Klartext heißt das z. B., große Teile des Andamanischen Meeres müssten aus einer diachronisch geordneten Sichtung desselben herausfallen.

Die Zheng He-Karte: Zur Semantik der Seerouten

Doch das ist längst nicht alles. Das Spannungsfeld zwischen Raum und Routen wirft noch weitere Fragen auf. Wir reden heute mit großer Selbstverständlichkeit von der Maritimen Seidenstraße; haben die Altvorderen ähnlich gedacht? Arabische Texte, die ich leider nur in Übersetzung lesen kann, berichten von einzelnen Meeren und liefern nautische Anweisungen. Offenbar bezogen die Geographen wichtige Hinweise aus erster Hand, studierten frühere Texte, nutzten gelegentlich auch kartographisches Wissen, aber die Idee einer von der Arabischen Halbinsel bis nach China reichenden, durchgehenden Achse ist diesen Werken nur schwer zu entlocken. In China scheint Ähnliches gegeben. Mindestens eine Ausnahme gibt es allerdings: die berühmte Zheng He-Karte (*Zheng He hanghai tu* 鄭和航海圖) aus der Zeit der großen maritimen Expeditionen, welche im frühen 15. Jahrhundert von den Ming angeordnet wurden.

Zu dieser Karte liegen sehr viele Studien vor, besonders in chinesischer Sprache.[1] Ihr internes Arrangement folgt nicht irgendeiner Projektion, die uns vertraut wäre; nein, sie wird gleichsam von Seewegen dominiert und ist so zu lesen, als führe man auf einem Schiff quer durch die asiatischen Meere und würde sich dabei an einzelnen Inseln und markanten Punkten längs der Küsten orientieren. Mithin ist die Sicht, wie oben beschrieben, eine quasi Braudel'sche, der Blick geht also vom Meer aufs Land. Mit anderen Worten und „praktisch" gesprochen: Die Wiedergabe des Raumes ist extrem verzerrt; allein über nautische Anweisungen, die auf der Karte erscheinen, und entsprechende Toponyme wird dieses Werk verständlich, fügen sich einzelne Bausteine zu einem in sich kohärenten Gesamtbild zusammen.

Um was genau geht es dabei? In alter Zeit unterschieden Chinas Seefahrer, wie oben bereits angedeutet, zwischen wichtigen Seerouten. Die Zheng He-Karte ist auf die Darstellung der Westroute beschränkt, die an der Westseite des Nanhai entlanglief, anschließend weiter nach Melaka führte, schließlich hinein in den Indischen Ozean, bis nach Hormuz und Aden und sogar darüber hinaus, also bis

---

1 Siehe jüngst z. B. Zhou Yunzhong 2013 und Zhang Jian 2013 (verschiedene Aufsätze). Die Karte wurde mehrfach veröffentlicht, etwa in Xiang Da 2000b und Ma Huan 2005 (Appendix 7). Als Standardausgabe gilt heute: Haijun haiyang cehui yanjiusuo 1988. Eine englischsprachige Auswertung – leider mit Fehlern behaftet – findet sich in Mills 1970 (Appendix 2). Jüngere Spezialbibliographien zu Zheng Hes Fahrten: Zhu Jianqiu 2005; Liu Ying et al. 2014 (viele Ungenauigkeiten). Sehr nützlich ebenso: Wade 2003. Die umfangreichste Materialsammlung mit Primärtexten ist noch immer Zheng Hesheng/Zheng Yijun 1980–1989.

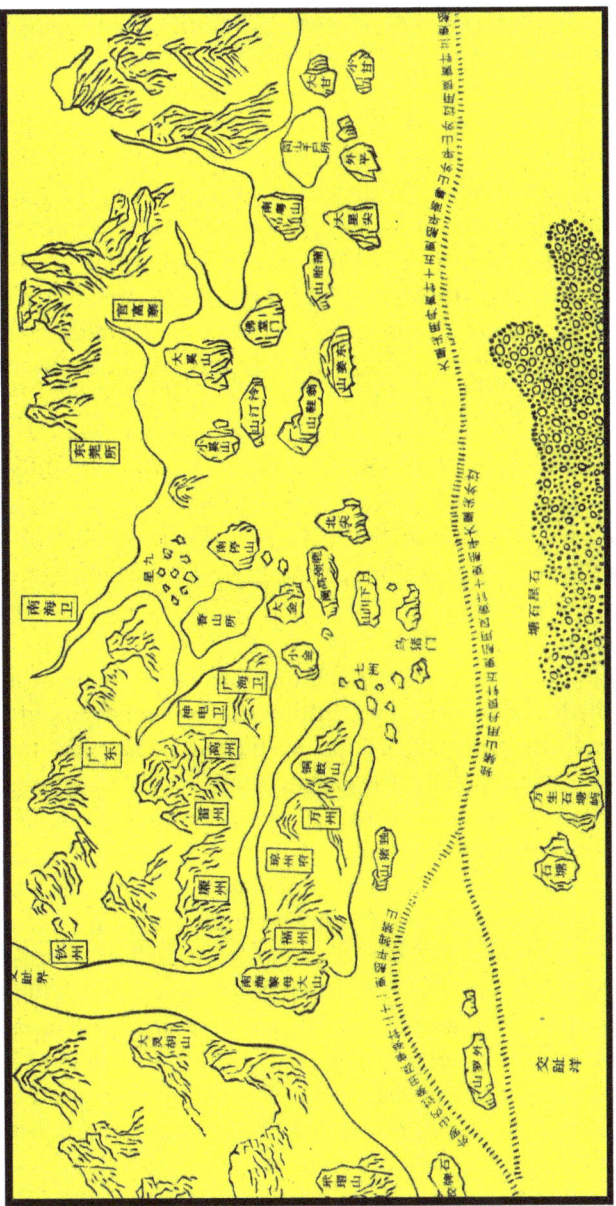

Abb. 2: Ausschnitt aus der Zheng He-Karte. Quelle: Haijun haiyang cehui yanjiusuo 1988. Die gestrichelte Linie: ein Teil der Seeroute vor der Guangdong-Küste. Entlang der Route: nautische Hinweise, die den Weg erklären. Die Zone mit den vielen Punkten sowie die beiden Inseln links davon: Atolle und Riffe im Südchinesischen Meer (z. B. der Xisha-Archipel 西沙群島). Zum Festland, oben, gehört die Mündung des Perlflusses. Auch hier sieht man etliche Inseln, etwa die Jiuxing 九星, neun kleine Eilande. Unterhalb (südlich) davon: Nantingshan 南亭山. Westlich erscheint Xiangshan 香山, damals eine Insel mit eigener Kreisverwaltung, heute Teil des Festlandes und überwiegend zu Zhuhai 珠海 gehörig. Die größte Insel auf dem Kartenausschnitt ist jedoch Hainan, identifizierbar durch den Namen Qiongzhoufu 瓊(琼)州府.

zu mehreren Orten längs der Küste Ostafrikas.[2] Folglich skizziert sie das gesamte Wegenetz, welches die damaligen Staatsflotten, unter dem Kommando von Zheng He und anderen Hofeunuchen, zu nutzen wussten, um von einem Hafen zum anderen zu gelangen. Selbst die Möglichkeit, von Südwestindien und den vorgelagerten Malediven aus quer durch die Arabische See nach Afrika zu segeln, wird angedeutet. Und zwar – ganz wichtig – jeweils in Form von Linien, ergänzt durch präzise Hinweise zu Richtungen und Distanzen. Damit sind wir an einem bedeutenden Punkt angekommen: Spätestens im frühen 15. Jahrhundert wurde der lange Weg von der damaligen Ming-Hauptstadt Nanjing, am breiten Unterlauf des Yangzi, bis nach „Fernwest" als *ein* komplexes System von Routen wahrgenommen und vermutlich erstmals überhaupt in Gestalt von abstrakten Linien auf eine Karte gezaubert.

Die Idee, lange Routen – und ausgerechnet unsere Maritime Seidenstraße – in dieser Weise auf Papier zu bringen, ist als großer Schritt in der Kartographie zu werten; das steht außer Zweifel.[3] Natürlich, besagte Karte wirft viele ungelöste Fragen auf, auch sprechen die Texte jener Epoche nicht von *einem* großen maritimen System, aber die Vorstellung, dass es ein solches gab, war mit Sicherheit in den Köpfen vorhanden. Spätere portugiesische Karten, die Asiens Meere zeigen, rücken einzelne Routen oder gar das „Ganze" nur höchst selten ins Zentrum der Darstellung. Die Ikonographie ist eine andere. Nur durch nautische Texte, sogenannte *roteiros*, und allerlei Fachtermini bzw. institutionelle Bezeichnungen – etwa Ausdrücke wie *carreira* – wird deutlich, dass auch hier die Reisewege eine wichtige Funktion hatten. Aber das gehört, wie gesagt, bereits in die frühe Neuzeit und nicht mehr ins ausgehende Mittelalter (es sei denn, wir würden die Erkundung des Atlantischen Ozeans in die Diskussion mit einbeziehen wollen).

Doch zurück zur Zheng He-Karte, die wichtige Informationen offenbart: So zeigt sie nicht nur den allseits bekannten Routenabschnitt durch die Melaka-Straße, sondern auch einen zweiten Weg, der Ostasien mit dem Indischen Ozean verband, nämlich die Sunda-Straße. Erstaunlich sehr wohl: Von dort aus führt eine gestrichelte Passage längs der Westseite Sumatras, vorbei an der Mentawai-Gruppe, bis in die Gegend des heutigen Bandar Aceh. Während also die alten Chinesen von zwei maritimen Wegen wussten, über welche Nordwest-Sumatra zu erreichen war, herrscht bis heute Uneinigkeit darüber, ob wir die gerade skizzierte alternative Trasse – via Barus, Calang, Meulaboh usw. – als ein gewissermaßen zur Stammstrecke der Maritimen Seidenstraße zählendes Element betrachten

---

[2] Hormuz könnte im politischen Kalkül der Ming eine herausragende Rolle gespielt haben. Dazu etwa Kauz/Ptak 2001; Hsiao Hung-te 2006.

[3] Zu alten Karten, die Chinas Auslandskontakte und kartographische Entwicklungen widerspiegeln: Liang Erping 2015; Tan Guanglian 2017; Zhu Jianqiu et al. 2017.

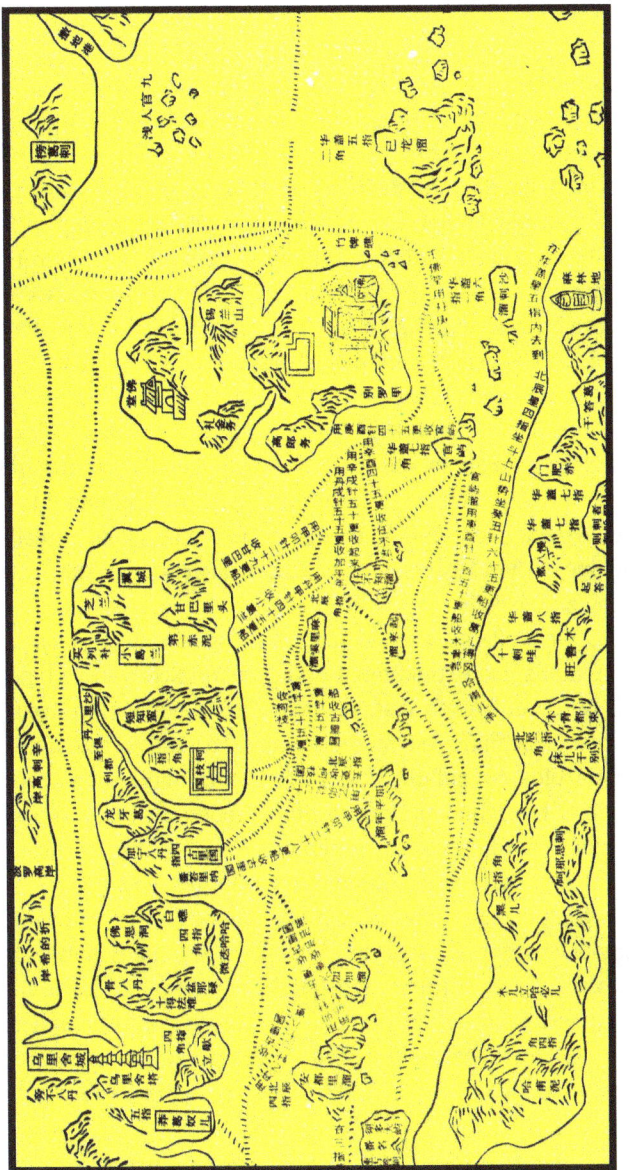

Abb. 3: Ausschnitt aus der Zheng He-Karte. Quelle: wie Abb. 2. Wird dieses Bild um 90 Grad nach rechts gedreht, dann fällt die Interpretation leichter. Die große Insel rechts: Sri Lanka. Links (nördlich) davon Indien. Oben am Rand (östlich) das Bengalische Meer, hier zu einem horizontalen Gewässer verzerrt. Unten (also im Westen) Ostafrika. Dort neben der turmähnlichen Struktur: Malindi 麻林地. In der Bildmitte die Lakkadiven und Malediven. Bei Drehung der Karte wird ihre Nord-Süd-Ausrichtung offensichtlich. Von der Hauptinsel (Male), Guanyu 官嶼 (das zweite Zeichen auch xu) genannt, führen zwei Trassen zur Malabar-Küste. Zudem sind die Malediven mit Ostafrika verknüpft. Umstritten ist die Deutung der großen Insel rechts (südlich) von Sri Lanka und der Eilande im Umfeld. Dazu mehr im Text.

oder doch lieber anders behandeln sollten.[4] Auffällig ist, dass diese Trasse ohne Erklärungen auskommt. Warum nennt die Karte keine nautischen Details hierzu? Wurde besagte Route nur selten benutzt, vielleicht wegen der besonderen, nicht immer günstigen Wind- und Strömungsverhältnisse, mit denen Schiffe vor allem nahe des Äquators zu kämpfen hatten?[5]

Gängige Geschichtsmodelle, die oftmals in Teilen auf Braudel zurückgeführt werden können, wie die über alle Maßen simplifizierenden Vorstellungen von K. N. Chaudhuri, der mit Blick auf das Mittelalter von einer Kompartmentalisierung des Raumes in große Zonen ausging, berücksichtigen diese Überlegungen, wenn überhaupt, nur in unzureichender Weise.[6] In der Tat, viele Historiker, die über seegestützten Handel und Austausch geschrieben haben, sind mit Fragen, welche Seerouten betreffen, oftmals recht großzügig umgegangen. So findet man bis heute auf modernen Kartenskizzen bisweilen Wege eingetragen, die das Südchinesische Meer diagonal durchschneiden, obschon es in historischer Zeit aufgrund von zahlreichen Atollen und Sandbänken nahezu unmöglich war, mitten durch dieses Gebiet zu fahren. Handelsschiffe folgten, um es zu wiederholen, zumeist den Rändern des Südchinesischen Meeres, um von China nach Südostasien oder in umgekehrter Richtung zu reisen.

Und noch ein letzter Gedanke sei zum Abschluss dieses Kapitels gestattet. Seerouten sind gegebenenfalls nach Funktionen und anderen Kriterien zu typologisieren. Das ist mit Bezug auf Asien bislang noch nie in exhaustiver Weise versucht worden. Zu berücksichtigen ist hierbei, Seewege wurden aus unterschiedlichen Gründen erschlossen, zufällig oder gezielt, aufgrund militärischer, kommerzieller oder anderer Erwägungen. Und sie sind – anders als Straßen oder Bahnlinien – nicht wirklich sichtbare, sondern eben nur gedachte Verbindungen. Ab wann und unter welchen Bedingungen von Seerouten gesprochen werden darf, ist eine weitere Frage, die einer umfassenden Klärung bedarf. Regelmäßige Kontakte zwischen mindestens zwei Küstenorten zählen zu diesen Bedingungen, wobei die Betonung wohl auf dem Attribut „regelmäßig" zu liegen hat. Die Beherrschung von Risiken, basierend auf adäquatem Wissen – nicht nur aus dem nautischen Bereich, sondern auch aus technischen, ökonomischen und anderen Ressorts –, war ebenso unerlässlich. Dieses Wissen wanderte zwischen Vertretern

---

4 Zu Barus z. B. Studien in Guillot 1998; Guillot et al. 2003; Perret/Surachman 2009. Zur Westseite Sumatras und damit zur Sunda-Straße in früher Zeit jüngst auch Haw 2017; doch Haws Darstellungen sind umstritten, seine Argumente provozieren.

5 Viel später, auf der sogenannten Selden-Karte, wird ebenfalls eine Route längs der Westseite Sumatras abgebildet. Hierzu wären Spezialstudien erforderlich. Zu besagter Karte ansonsten etwa: Batchelor 2013 und 2014.

6 Chaudhuri 1985: 41. Dort eine Karte, die Chaudhuris Vorstellungen zusammenfasst.

Die Zheng He-Karte: Zur Semantik der Seerouten

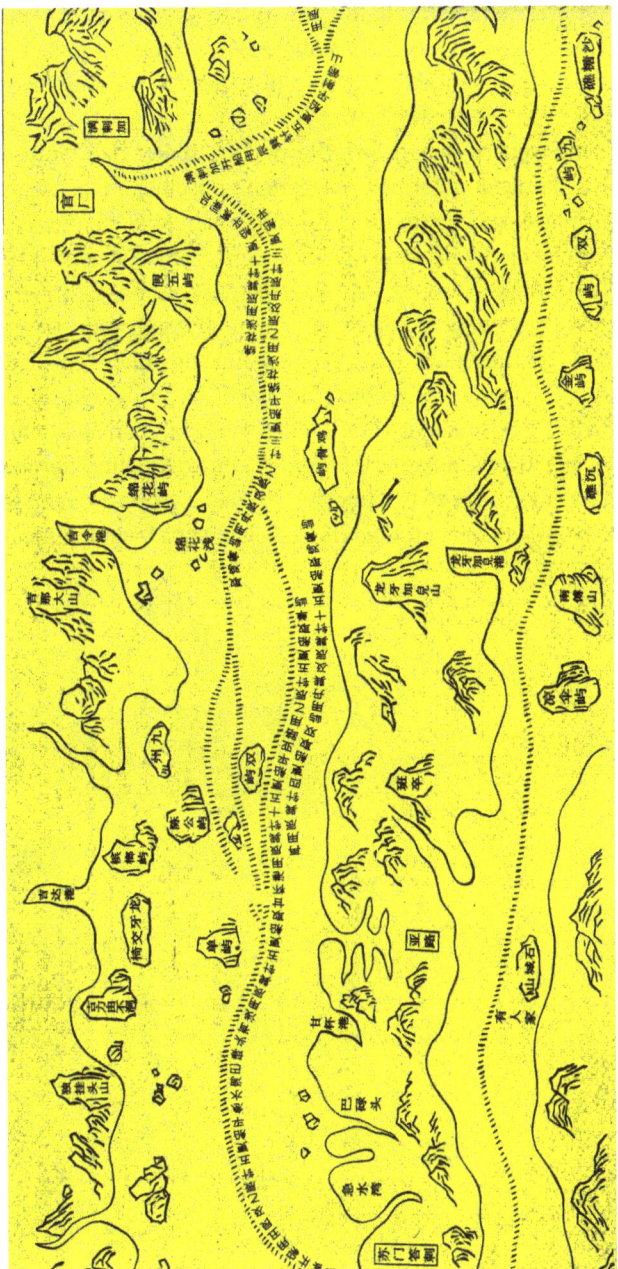

Abb. 4: Ausschnitt aus der Zheng He-Karte. Quelle: wie Abb. 2. Zum besseren Verständnis empfiehlt sich eine Drehung der Karte um 45 Grad nach rechts. Oben am Rand die Westseite der Malaiischen Halbinsel. Ganz rechts Melaka (Manlajia 滿剌加; Kurzform für das erste Zeichen: 滿). Gestrichelte Linien mit Aufschriften: Route durch die Melaka-Straße. Unterhalb davon, von Nordwest nach Südost, Teile Sumatras. An der Nord- bzw. Ostseite dieser Insel mehrere Buchten und Orte. Banzu (auch Bancu) 班卒 an der Westküste: Barus. Die untere Linie: Weg entlang dieser Küste. Shicheng shan 石城山, ganz links: wohl Pulau Simeulue. Weiter rechts Pulau Nias, dann Pulau Siberut usw. Die Landmasse unten am Rand: Australien, Madagaskar oder ein Teil Ostafrikas? Mehr dazu im Text.

verschiedener Sprach- und Kulturgemeinschaften hin und her. Datentransfer, um es modern auszudrücken, war also eine Form des Austauschs, vielleicht sogar die wichtigste Voraussetzung für viele andere Elemente innerhalb einer komplexen maritimen „Matrix" im Braudel'schen Sinne.

Damit streifen wir eine weitere Dimension. Die Begriffe hinter den Worten, auch hinter den seefahrtsbezogenen Termini, variierten von einer Sprache zur nächsten. Wie gehen wir mit der Semantik um, mit möglichen Missverständnissen, die vielleicht auf unterschiedliche sprachliche Kodierungen, Konzepte und Erwartungen zurückzuführen sind? Vielen Versuchen, die Austauschbeziehungen zwischen mindestens zwei Orten während einer bestimmten Periode anhand der zur Verfügung stehenden Schriftquellen zu deuten, hätte eigentlich eine auf ebendiese Epoche bezogene semantische Analyse der beteiligten Quellentermini und des relevanten sprachlichen Umfeldes vorausgehen müssen. Hier, so fürchte ich, stehen wir mit Blick auf Asiens Meere während des Mittelalters und der frühen Neuzeit oftmals vor einem schwer zu erschließenden Feld. Salopp gesagt: Am Anfang war das Wort, davor das Konzept; doch nicht selten verschwinden beide im Strudel der See...

Vulkane und Versandungen

Oben hatte ich angekündigt, Fragen aufzuwerfen, was ich hier nun tun möchte. Der Austausch von Ideen und natürlich auch von Waren zählte zu den eher längeren *longue durée*-Phänomenen auf Asiens Meeren, entlang der Maritimen Seidenstraße. Gewürznelken wanderten seit frühester Zeit von den nördlichen Molukken bis zur Levante und von dort aus weiter zu den Häfen rund um das Mittelmeer. Sie hatten in der Medizin und Küchenkunst ihren festen Platz. Asiaten und Europäer waren an ihrer Verbreitung beteiligt. Für Pfeffer gelten ähnliche Merkmale. Die Produktionsgebiete in der Malabar-Region versorgten viele Abnehmer rund um das Arabische Meer, den Persischen Golf und das Rote Meer sowie in Europa. Hingegen gingen Teile der südostasiatischen Produktion schon früh nach China und sogar nach Japan und Korea. Obschon die Quellen bisweilen Angaben zu Mengen, Preisen und einigen anderen Elementen bereithalten, die Angebot und Nachfrage beeinflussten, fällt es meist schwer, die Bedeutung einzelner Warenströme richtig einzuschätzen. Häufig wissen wir nur, dass es sie gab, dass sie vermutlich für einzelne Händler, Netzwerke, Orte oder komplexe Austauschsysteme eine gewisse Bedeutung hatten, aber wir können sie nicht wirklich fassen und auch nicht alle Hintergründe ausleuchten. Dennoch wird in vielen Sekundärwerken ein regelrechter Kult mit der Zirkulation bestimmter Waren betrieben, vielleicht, weil sich hiermit exotische Bilder vermarkten lassen.

Doch uns sollte eher die Bühne des mutmaßlich Wirklichen interessieren. Und man weiß, nicht allein finanztechnische und andere von Menschen gesteuerte Faktoren haben den seegestützten Austausch zwischen Asiens Küstenorten bestimmt, hin und wieder waren auch naturgegebene Langzeitelemente massiv daran beteiligt. Selbst kürzere Prozesse – etwa meteorologische oder geologische Phänomene – sind nicht zu unterschätzen, hatten sie doch häufig bleibende Folgen. Aber nur wenige Werke berücksichtigen die Vorgaben unseres Planeten, schieben wir die oftmals wiederholten Beschreibungen der Monsune einmal beiseite. Dass wir die Umwelt nicht ausblenden dürfen, sie vielmehr in ihrer Komplexität berücksichtigen sollten, zeigt z. B. die eingangs zitierte Darstellung von Beaujard, die mehrere Phänomene in recht systematischer Weise zur Sprache bringt. Dazu nur einige Beispiele: Gehäufte Vulkanausbrüche, so wird angenommen, sorgten für kurze Kälteperioden und störten den Landbau. Produktionsraten sanken, das wiederum scheint die Intensität des seegestützten Austauschs beeinflusst zu haben. So wurde beispielsweise der Verdacht geäußert, China habe im Laufe des 15. Jahrhunderts, nach Abschluss der Zheng He-Fahrten, sein Engagement in Übersee unter anderem deshalb reduziert, weil es der Wirtschaft infolge zu geringer Produktionsmengen nicht mehr so gut ging wie in den Jahrzehnten davor.[1]

Auch auf der Mikroebene, mit Blick auf einzelne Schlüsselregionen, ergeben sich Fragen, die mit Umweltfaktoren zusammenhängen. Eine Überlegung führt uns zur Südspitze der Malaiischen Halbinsel. Um vom Indik nach China zu gelangen, fuhren Schiffe im Mittelalter und in der frühen Neuzeit zumeist durch die Gegend direkt südlich des heutigen Singapur (die Nutzung der alternativen Trasse, durch die Sunda-Straße, bleibt, wie erwähnt, umstritten). Doch wo und wie genau umrundeten Zheng Hes Flotten und andere Seefahrer die Malaiische Halbinsel? Just hierüber ist längst nicht das letzte Wort gesprochen. Erst vor wenigen Jahren hat Lin Woling, in Europa kaum bekannt, den schon früher geäußerten Verdacht erhärtet – anhand der vorhin genannten Zheng He-Karte und verschiedener Texte –, dass nicht die heutige Singapur-Straße als primäre Schleuse zwischen Südchinesischem Meer und Indischem Ozean diente, sondern ein tiefer und deutlich längerer Kanal durch den Riau-Archipel, der südlich von Singapur liegt.[2] Seebeben, Mangrovenwuchs, sich wandelnde Küstenlinien und Strömungen mögen verantwortlich sein für uneinheitliche kartographische Notierungen dieser Region ab der Frühen Neuzeit und damit für die Nutzung unterschiedlicher Wasserwege durch das dortige Inselgewirr.

Ein anderes Thema ist die mehrfach genannte Sunda-Straße. Welche Folgen hatten die Ausbrüche des Krakatau (Krakatoa) für den internationalen Seeverkehr? Bekannt ist vor allem die gewaltige Explosion Ende des 19. Jahrhunderts, doch Spezialisten vermuten, bereits im 6. Jahrhundert und danach habe es verheerende Eruptionen gegeben. Trugen diese Ereignisse dazu bei, dass die Route entlang der Westseite von Sumatra, also von der Sunda-Meerenge via Barus bis nach Lambri, vorübergehend an Bedeutung verlor, weil sie fortan als zu gefährlich galt? Förderte dieser Umstand gar den Inlandsverkehr auf Sumatra – dergestalt, dass Produkte wie Kampfer von der Westseite nunmehr verstärkt über gebirgige Dschungelpfade und Flussläufe zu den Häfen und Buchten an der Ostseite transportiert wurden? Und sind hieraus, gleichsam in einem zweiten Schritt, Einflüsse auf die räumliche Verteilung von kleineren Fürstentümern über den insularen Osten sowie deren Beziehungen untereinander abzuleiten?

---

[1] Dazu z. B. Liu Zhaomins 劉昭民 Beitrag in Shi Ping 2015.
[2] Lin Woling 1999. Lin kannte die verschiedenen Wege durch die Inselwelt südlich von Singapur aus eigener Anschauung. In seiner Studie fasst er viel älteres Schrifttum zum Thema zusammen. Leider jedoch sind seine Ausführungen auf viel Kritik gestoßen. Weiteres z. B. in Chung Chee Kit 2003. Interessant sind auch die detaillierten Studien Borschberg 2010 (erster Aufsatz) und 2012, in denen der Autor Texte und alte Karten auswertet.

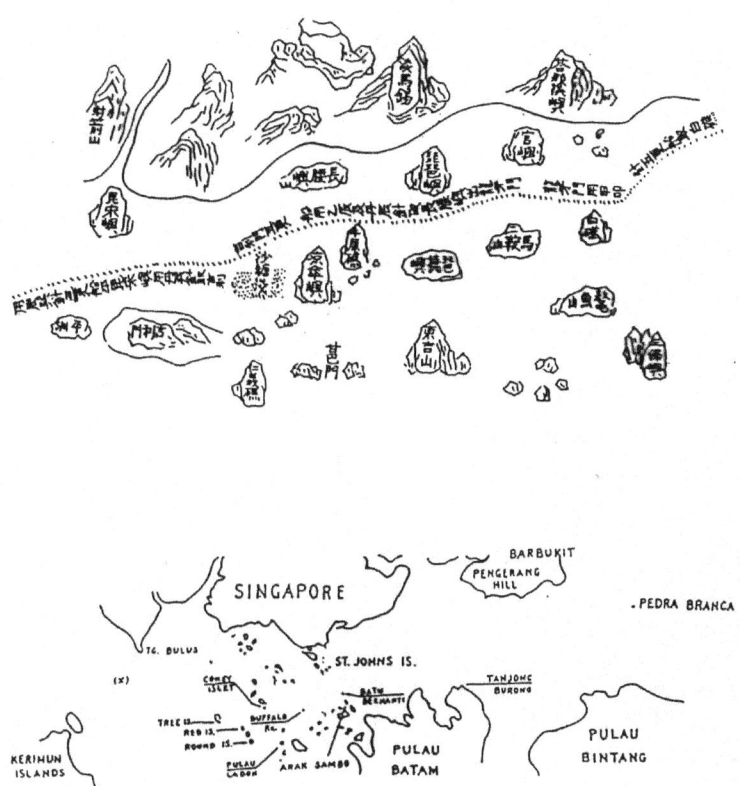

Abb. 5: Ausschnitt aus der Zheng He-Karte (oben) und eine moderne Umzeichnung des betreffenden Segments (unten), das Singapur und die Gewässer unmittelbar südlich davon zeigt. Quelle: Lin Woling 1999. Die moderne Interpretation ist umstritten. Vor allem die Namen auf der ursprünglichen Karte wurden unterschiedlich interpretiert.

Seismische Geschehnisse mögen sich auch auf die miteinander konkurrierenden Küstenorte im äußersten Norden Sumatras ausgewirkt haben. Denken wir nur an das Jahr 2004, als ein Tsunami Banda Aceh verwüstete. Indische Experten berichten, sogar einige Küstenzonen längs der Andamanen und Nikobaren, weitab von Sumatra, hätten damals ihre Gestalt verändert. Mithin ist zu fragen, welche Spuren Seebeben im Mittelalter hinterließen, ob und inwieweit sie den Austausch zwischen den Anrainern der Melaka-Straße und Sri Lanka beeinträchtigten.

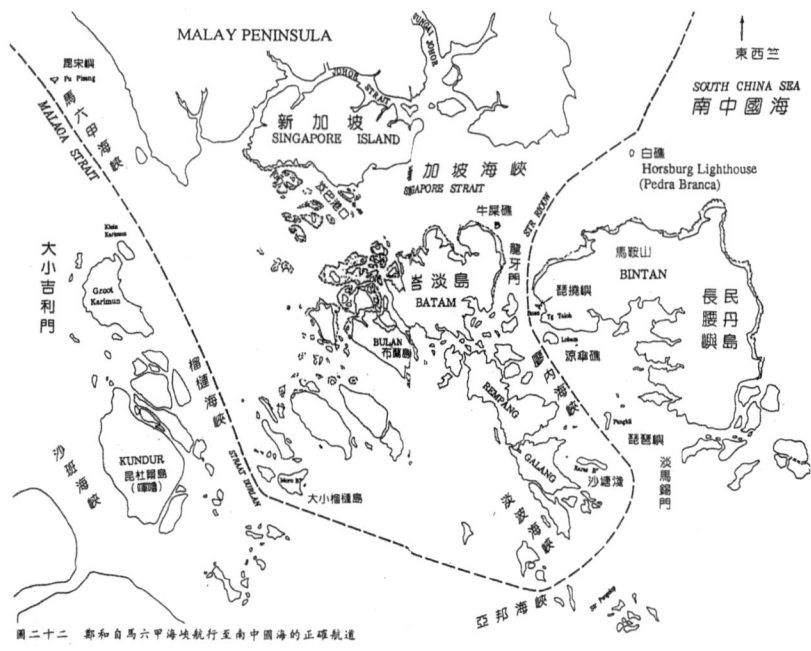

Abb. 6: Seeweg durch den Riau-Archipel. Quelle: Lin Woling 1999. Nach Lin Woling sprechen mehrere Indizien dafür, dass Zheng Hes Flotten die hier gezeigte Route wählten, um von der Melaka-Straße ins Südchinesische Meer zu gelangen; sie passierten also nicht unbedingt das Südufer der heutigen Insel Singapur.

Vulkanische Aktivitäten führen uns auch in den Ostteil der malaiischen Welt. Wie stand es um Ternate und Tidore, die Gewürznelken lieferten? Störten Eruptionen den Export in alter Zeit? Gab es Engpässe und vorübergehende Preiserhöhungen? Ähnliches gilt für die lange Inselkette von Bali bis Flores. An ihrer Nordseite verkehrten regelmäßig Schiffe, die zwischen Ostjava bzw. Madura und Timor unterwegs waren und dabei vermutlich mehrere Zwischenstationen einlegten. Zwangen Naturereignisse zu Kursänderungen – etwa dazu, von Timor nach Sulawesi auszuweichen, um erst hernach einen Hafen weiter westlich anzusteuern? Bereits im Mittelalter wurde auf Timor Sandelholz geschnitten. Nicht auszuschließen ist also, dass die Exportwege infolge wiederkehrender Katastrophen kurzfristig geändert werden mussten.

Schließlich sollten wir noch an weniger dramatische Prozesse denken. Häufig verloren natürliche Häfen im Deltabereich großer Flüsse ihre Funktionsfähigkeit aufgrund von Ablagerungen. Kayal, gegenüber von Sri Lanka, ist ein gutes Beispiel hierfür.³ Auch die Region um Macau und Guangzhou, in Südchina, sah vor fünfhundert oder tausend Jahren ganz anders aus als heute. Teile jenes Gebietes, das nunmehr Zhuhai 珠海 heißt und direkt „hinter" der späteren portugiesischen Enklave liegt, bildeten früher eine große Insel. Besonders ab der Song-Zeit strömten Migranten in diese Region, auf der Suche nach Arbeit und besseren Lebensbedingungen. Infolgedessen wurden die verflachenden Gewässer am Nordrand selbiger Insel für die Salzgewinnung genutzt, zunehmend aber auch vollständig trockengelegt und dem Landbau zugeführt. Damit entstanden Arbeitsplätze und neue Siedlungen. Diese Entwicklung hatte weitere Folgen, darunter eine, die in der frühen Neuzeit deutlich sichtbar wird und hier interessiert: Einer von zwei wichtigen Wasserwegen nach Guangzhou konnte von größeren Schiffen mit entsprechendem Tiefgang bald nicht mehr befahren werden. Fortan verlagerte sich der internationale Verkehr von und nach Guangzhou auf die Route durch jenen Meeresteil vor der Perlfluss-Mündung, welcher bis heute als Lingdingyang 伶仃洋 bekannt ist. Das wiederum stärkte die Position einiger Küstenorte, unter anderem wohl auch der Stadt Macau.⁴

Viele weitere Küstenszenarien, in denen wir nachhaltige Änderungen beobachten, könnten genannt werden. Die Mündung des Mekong ist ein Beispiel. In dem Maße, in dem diese sumpfige Zone für den Anbau von Reis und anderen Produkten erschlossen wurde und Zuwanderer aufnahm, begann sie für den Austausch entlang der oben genannten Westroute wichtig zu werden. Oder erinnern wir uns an die Orte im Delta des Irrawaddy (mehrere Schreibungen). Vor allem Pegu, im Herzen des Mon-Gebietes, spielte im ausgehenden Mittelalter eine zentrale Rolle für den internationalen Handel. Tomé Pires, der zu Beginn des 16. Jahrhunderts in Melaka weilte, nennt diesen Hafen in seiner berühmten *Suma Oriental*.⁵ Auch andere Texte nehmen auf Pegu Bezug, denn diese Stadt war ein wichtiger Umschlagplatz, in dem Seerouten und Inlandswege zusammenliefen, darunter eine Route, die bis nach Yunnan reichte. Heute liegt Pegu weit hinter der Küstenlinie und hat seine vormalige Bedeutung längst verloren. Der Irrawaddy ist als ein Schuldiger dafür auszumachen.⁶

Warum erwähne ich diese Beispiele? Deshalb, weil Historiker die formenden Kräfte der Natur oftmals übergehen und die eventuellen Folgen bestimmter Prozesse für Handel und Austausch nicht immer bedenken. Würde man sie konse-

---

3 Deloche 1983 und 1985. Zu Kayal in chinesischen Quellen z. B. Ptak 1993, in portugiesischen Texten vor allem Flores 1995. – Natürlich gibt es auch Küstenregionen, die ihre Konturen über Jahrhunderte kaum änderten. Dazu nur beispielhaft die Untersuchung von Manguin 1982.
4 Vgl. z. B. Ptak 2020 und Lu Yanzhao 2014.
5 Zur *Suma Oriental*: Cortesão 1944; Loureiro 1996 und 2017.
6 Zu Pegu z. B. Bouchon/Thomaz 1988. Für etwas spätere Perioden auch Guedes 1994.

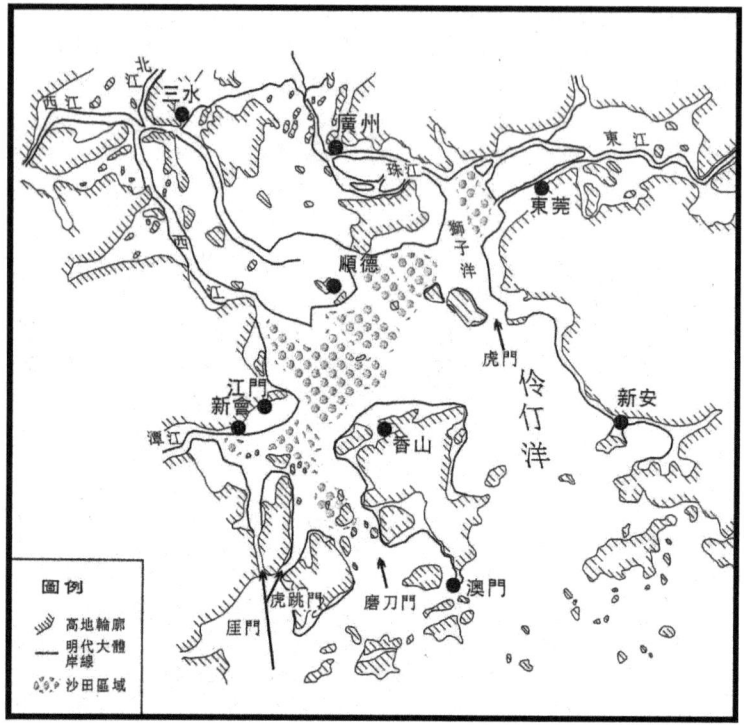

Abb. 7: Die Mündung des Perlflusses und das als Lingdingyang 伶仃洋 bezeichnete Seegebiet. Quelle Zhou Zhenhe/Lin Hong 2016. Die Karte zeigt den mutmaßlichen Verlauf der Küsten bis in die Ming-Zeit. Dunkle Linien: gedachte Küsten. Linien mit schraffierten Flächen: höhere Zonen. Kreise: Gebiete, die damals vermutlich schon trockengelegt waren oder davorstanden, in Land umgewandelt zu werden. Pfeile: Einfahrten zu Kanälen, die nordwärts führten, in Richtung Guangzhou 廣州 am Bildrand. Im Zentrum der Karte: Xiangshan 香山. An der Südostecke dieser Insel: Aomen 澳門 bzw. Macau. – Achtung: Andere Rekonstruktionen des Küstenverlaufs zeigen oft deutlich abweichende Konturen.

quent beachten, könnten sogar Theorien ins Schwanken geraten. Wie etwa würden wir angesichts häufiger Versandungen mit dem gerne zitierten Bronson-Modell verfahren wollen, käme die Vorstellung auf den Prüfstand, Handel und Austausch innerhalb der malaiischen Welt hätten sich in erster Linie auf Häfen gestützt, welche an Flussmündungen lagen, weil dort Produkte aus dem jeweiligen Hinterland und Importe aus fernen Regionen ausgetauscht werden konnten?[7]

---

7 Bronson 1977.

Strömungen, Flora und Fauna

Andere offene Fragen betreffen z. B. Meeresströmungen. Bislang herrscht die Meinung vor, in alter Zeit seien Boote und Schiffe, die zwischen den Ryukyu-Inseln, Taiwan und Luzon verkehrten, zumeist durch die Taiwan-Straße gefahren; zwar sei es prinzipiell möglich gewesen, die pazifische Route, entlang der Ostküste Taiwans zu benutzen, aber wohl nur in Richtung Norden, zumal der Kuroshio stets in diese Richtung fließe. Meereswissenschaftler meinen allerdings, vor der taiwanesischen Ostküste gebe es eine gering ausgeprägte Südwärtsströmung im Oberflächenbereich. Ist das ein Argument für direkte Kontakte in beide Richtungen zwischen Okinawa, den Babuyan-Inseln und Luzon, die an der taiwanesischen Ostseite vorbeiliefen? Und gleichsam in Verlängerung solcher Ideen: Wie verhielt es sich mit eventuellen Fahrten entlang der philippinischen Ostküste? Chinesische Texte mit Angaben zu Seerouten nennen mehrere Orte an der Westseite von Luzon. Aber wir wissen auch, dass Aparri in der Provinz Cagayan, an der Nordküste, vorübergehend eine gewisse Bedeutung hatte. Wie weit nach Osten und Südosten konnte man von hier aus vordringen, und wurden solche Fahrten gegebenenfalls häufiger durchgeführt?[1]

Weitere Fragen werfen die vielen Atolle, Riffe und Sandbänke im zentralen Teil des Nanhai auf. Oben war bemerkt worden, dass Handelsschiffe diese Zonen tunlichst mieden und an den Rändern besagten Meeres entlangfuhren. Doch deuten spätere Texte darauf, dass Fischer, welche auf Hainan lebten, mit der Inselwelt im Südchinesischen Meer vertraut waren. Die betreffenden Aufzeichnungen belegen navigatorisches Wissen, das vermutlich von einer Generation zur nächsten weitergereicht und schließlich zu Papier gebracht wurde.[2] Außerhalb Chinas sind diese Quellen leider kaum je ausgewertet worden, wohl aus politischen Gründen, denn Amerikaner und andere stellen ja Chinas Ansprüche auf die verschiedenen Inselgruppen jener Zonen systematisch in Frage.

Aber hier geht es um etwas anderes: Im Einklang mit Strömungen verändern Riffe und Sandbänke schleichend ihre Gestalt. Das kann auch die Tierwelt betreffen, etwa ihre Laichplätze, und folglich ebenso die Fischerei. Gewiss, selbige ist – gemessen an den vielfältigen Austauschbeziehungen entlang der großen Handelsachsen durch Asiens Meere – eher ein lokales Randphänomen; nur, völlig

---

1 Ptak 2016b.
2 Die relevanten Texte sind in mehreren Quellensammlungen zugänglich. Jüngstens etwa in Zhou Weimin/Tang Lingling 2015 sowie in Chen Jiarong/Zhu Jianqiu 2016. Viele Aufsätze zum Thema hat Han Zhenhua verfasst. Empfehlenswert sind vor allem die Sammlungen Han Zhenhua 1996 und 2003.

24 — Strömungen, Flora und Fauna

Abb. 8: Taiwan und das Ostchinesische Meer. © R. Ptak. Die roten Pfeile markieren den Kuroshio. Blau: leichte Gegenströmung im Oberflächenbereich.

marginalisieren sollten wir diese Dimension nicht, vielmehr sollte sie ein beständiger Begleiter unseres Themas sein, durch das ganze Mittelalter hindurch wie zugleich in späteren Epochen.

Bleiben wir bei der Fauna. Hin und wieder wirft menschliches Verhalten quälende Fragen auf, die neu überdacht werden könnten. China führte im Mittelalter große Mengen an Federn ein, und zwar von Eisvögeln. Welche Folgen hatte das für den Bestand dieser Tiere im heutigen Kambodscha und anderswo? Ebenso auffällig ist die anhaltende Nachfrage nach Schildpatt, Riesenmuscheln und den Schnäbeln bzw. hornartigen Auswüchsen von Nashornvögeln. Diese Substanzen wurden in der Medizin und zur Herstellung kleiner Gegenstände benötigt, etwa für Schnallen und Trinkgefäße. Alte Texte preisen polierte Ware aus Tridacna als besonders edel, vergleichen ihre helle, glänzende Oberfläche mit der von Jadeschmuck. Hier und da ging die ungehinderte Ausbeutung von Naturressourcen sicher zu Lasten einzelner Arten. Man bedenke, dass manche Tiere Jagdreviere von einer gewissen Mindestgröße benötigen, innerhalb eines begrenzten Raumes folglich nicht sehr viele Exemplare derselben Spezies leben können. So hatte die Lieferung von 2000 oder 3000 Bündeln blauer Eisvogelfedern aus ein- und derselben Gegend sicher Folgen für die dortige Vogelwelt.[3]

Aus der frühen Neuzeit wissen wir, dass die Jagd auf Rotwild zu einer fast völligen Vernichtung der Bestände auf Taiwan führte; das Fleisch ging nach China, die Felle wanderten nach Japan. Niederländische Texte deuten an, die Gier nach Geld, Macht und Ansehen, durch calvinistisch-protestantische Ideale geschürt, förderte den Raubbau und löste damit ökologische Probleme aus.[4] Im Mittelalter, so dürfen wir mutmaßen, gab es sicher vergleichbare Fälle. Eingriffe in die Natur betrafen auch die Flora, im positiven wie im negativen Sinne. So hat z. B. die Ausbreitung bestimmter Kulturpflanzen entlang der Seewege die Wirtschaft einiger Küstenräume nachhaltig beeinflusst. Durch den Anbau von Reissorten, die mehrere Ernten im Jahr erlauben, wurden die Erträge pro Flächeneinheit hochgetrieben. Die Produktion von Zucker ist ein zweiter Fall. In den flachen Gebieten Taiwans ist die natürliche Vegetation durch Plantagen allmählich zurückgedrängt worden. Mit der Umgestaltung riesiger Räume gingen demographische Änderungen einher. Dies wiederum trug dazu dabei, dass Taiwan ab Ende des 16. Jahrhunderts wichtiger und kurz nach Erschließung der Pazifikroute durch die Spanier in den frühen Globalisierungsprozess hineingezerrt, also zum Spielball konkurrierender Interessen wurde. Ein dritter Fall ist die Insel Timor. Lokale Gruppen, Chinesen, dann Portugiesen und schließlich Niederländer bezogen von

---

3 Zu chinesischen Importen von Vogelprodukten z. B. Ptak 2006. Zu Tridacna: Ptak 2010.
4 Zum Handel mit Fellen z. B. Höllmann 1991 und Heyns 2001.

dort Sandelholz. Bald schrumpften die Bestände und in der Neuzeit mussten die Lieferungen ausgesetzt werden. Freilich, vieles harrt der Klärung, bislang sind nur wenige Zusammenhänge ausreichend durchleuchtet worden.[5]

In der Tat, zu den großen Unbekannten gehören allerlei Dinge, die den maritimen Historiker brennend interessieren sollten. So wurden wahrscheinlich viele Insekten durch die Schifffahrt verbreitet, etwa Kakerlaken. Auch an Ratten ist zu denken. Wie steht es mit Krankheiten? Welche Wege nahm die Pest, die herbe Einschnitte in der Demographie verursachte, mithin Produktion, Handel und Kulturaustausch in manchen Gegenden nachhaltig absacken ließ?[6] Welche Zusammenhänge könnte es zwischen solchen Faktoren und Wanderbewegungen gegeben haben? Teile des südchinesischen Küstenraumes galten als ungesund, wie etwa auch die gerade erwähnte Insel Timor – so zumindest eine mittelalterliche chinesische Quelle und frühe portugiesische Texte.[7] Ein anderes Werk aus China erklärt, die Ming-Expeditionen im frühen 15. Jahrhundert hätten viele Opfer gefordert. Kriegerische Auseinandersetzungen kommen als Ursache kaum in Frage, sind Seuchen im Spiel gewesen? Und ferner: Pferde, ja selbst Elefanten und gelegentlich wohl auch Kamele bzw. Dromedare, wurden auf dem Seeweg verbreitet.[8] Über die hiermit verbundene Logistik und das erforderliche Fachwissen können wir leider nur wenig sagen; aber die Folgen für Mensch und Natur waren sicher gewaltig.

Würden wir fragen, welche Elemente die Welt längs der Maritimen Seidenstraße oder rund um die asiatischen Meere am meisten beeinflusst haben könnten – vielleicht kämen wir zu dem Schluss, dass der Handel mit Keramik, Seide und Edelmetallen gar nicht so wichtig war, im Gegensatz zu dem, was uns vor allem englischsprachige Autoren lange gepredigt haben. Wichtiger waren Tiere und Pflanzen, naturgegebene Faktoren aller Art. Gäbe es eine verlässliche Methode, die jeweiligen *impact factors* zu messen oder irgendwie zu gewichten, wahrscheinlich würden die Fundamente unserer Bilder wackeln, müssten einige Kapitel völlig neu geschrieben werden.

---

5 Zum Geschäft mit Sandelholz aus Timor z. B. Gomes 1950; Ptak 1987; Villiers 1994. Ein neuerer Überblick zur Geschichte von Timor: Lobato 2014.
6 Zur Pest letztens etwa Benedictow 2013.
7 Ptak 1983: 43 Anm. 8.
8 Zu Pferden mehrere Aufsätze in Fragner 2009. Dort viele weiterführende Hinweise. Zu Dromedaren z. B. Ptak 2011a.

Friedfertiger Austausch, wirtschaftlich dominiert?

Hiermit kann ich zum nächsten Thema überleiten. Zwar ist in der Wissenschaft immer wieder von Austausch im weitesten Sinne – quasi im Geiste Braudels – gesprochen worden, doch angesichts der Schriftbelege, teils auch des archäologischen Panoramas, wurden Handel und Kommerz gerne in den Vordergrund geschoben, wie bereits angedeutet. Austausch sei letztendlich von materiellen Interessen bestimmt gewesen, in erster Linie gehe es um Kaufleute und Handelsnetze; also gelte es, ökonomische, gelegentlich auch politische Dimensionen zu betrachten. Der Rest sei zweitrangig, komme danach.[1]

Und noch eine Argumentationslinie fällt auf: Friedfertiger Handel habe die Situation rund um Asiens Küsten bestimmt. Multikulturell orientierte Herrscher in Südostasien und längs der indischen Küsten hätten das Bild dominiert. Erst mit Ankunft der katholischen Portugiesen sei dieses Gleichgewicht empfindlich gestört worden, obschon es zugleich heißt, der frühe *Estado da Índia* habe zu keinem Zeitpunkt über genügend Schiffe, Menschen und Kanonen verfügt, um wirklich tiefe Einschnitte bewirken zu können. Darüber hinaus haben sich jüngst noch andere Vorstellungen in die Literatur eingeschlichen. So hätten auch die Zheng He-Fahrten dazu gedient, Machtansprüche durchzusetzen, mit diplomatischen und militärischen Mitteln. Chinas maritime Expansion sei quasi parallel erfolgt zu wiederholten Bestrebungen, mehrere Regionen im heutigen Grenzraum zwischen Yunnan, Laos und Vietnam zu unterjochen. Und längs der Seeroute durch das „Westmeer" habe man Stützpunkte eingerichtet, etwa in Melaka; China sei also auf den Meeren wie eine Kolonialmacht aufgetreten, deshalb müsse die Trennung zwischen Mittelalter und Neuzeit um rund einhundert Jahre vorverlegt werden.

Wie ist mit solcherlei umzugehen? Den viel beschworenen Kontrast zwischen Asiaten und Portugiesen, an den inzwischen wohl nur noch wenige glauben, könnte man mit etwas Geschick auf latente Rivalitäten innerhalb des europäisch-historischen Lagers zurückführen, die unterschwellig noch in abgeschwächter Form weitergären. Eingangs hatte ich ja bereits angedeutet, Modelle seien nicht immer zweckfrei. Das mag auch für die chinesische Komponente gelten. China als bedrohlich hinzustellen, passt zu den Sorgen der Anglophonen. An dieser Stelle

---

[1] Hier etwa sei an das Schlagwort eines „Age of Commerce" erinnert. Mit Blick auf Südostasien hat Reid 1988–1993 dieses quasi zum Programm einer zweibändigen Gesamtschau erhoben, die allerdings Ungenauigkeiten aufweist und in mancherlei Hinsicht als sehr einseitig gilt. Gleichwohl: Wade 2009a überträgt die Vorstellung auf frühere Perioden. Andere haben diese Überlegungen unterstützt.

mag man durchaus erwähnen, dass sogar versucht wurde, den mittelalterlichen Chinesen – weit vor Zheng He – unterzuschieben, sie hätten zuhauf afrikanische Sklaven in ihren Haushalten beschäftigt, obschon es keine handfesten Belege hierfür gibt.[2]

Diese Beispiele zeigen, mit welch' merkwürdigen Überlegungen wir es bisweilen zu tun haben. Dabei ist keiner einzigen Quelle wirklich schlüssig zu entnehmen, um zu den Expeditionen Zheng Hes zurückzukehren, dass die Ming tatsächlich vorgehabt hätten, sich große überseeische Territorien anzueignen oder gar fremde Wirtschaftssysteme systematisch zu schröpfen.[3] Niederländer und Briten gingen da ganz anders vor. Sogar Rechtsnormen ersannen die Europäer, um ihre Plünderaktionen zu rechtfertigen. Hugo Grotius und seine umstrittenen Schriften sowie John Seldens *Mare clausum*-Ideen kommen hier in den Sinn. Besonders bedenklich ist der Umstand, dass etwa auf Basis von Vorstellungen, die Grotius entwickelt hatte, später Grundsätze formuliert wurden, welche schließlich Eingang ins internationale Recht fanden.[4] Doch diese düsteren, letztlich nicht selten von konfessionellen Vorgaben getriebenen Entwicklungen gehören nicht hierher.

Zurück ins 17. Jahrhundert: Lokalen Potentaten im heutigen Indonesien zwang die Vereinigte Ostindische Compagnie Verträge auf, obschon vielen malaiischen Fürsten die Praxis schriftlicher Vereinbarungen völlig fremd war. Dagegen regelte China seine offiziellen Kontakte zu anderen Ländern meist über Tributvereinbarungen – in der Ming-Zeit, unter den Yuan, unter den Song, ja schon weit davor. Diese Tradition kombinierte handelstechnische Vorgaben und symbolische Dimensionen. Zwar modifizierte der chinesische Hof die Tributbeziehungen von Zeit zu Zeit, aber die wesentlichen Strukturen, so könnte man behaupten, behielt er bei. Im übrigen sind wir über einzelne Tributgesandtschaften, die China im Mittelalter erreichten, erstaunlich gut informiert.[5]

Auch andere asiatische Mächte längs der Seerouten bedienten sich ähnlicher Systeme. Anscheinend setzten Asiens Könige nicht so sehr auf Gewalt, sondern

---

[2] Wyatt 2010 und meine Rezension hierzu in Monumenta Serica 58 (2010): 426–430. Letztere nennt mehrere wichtige Sekundärwerke zu den sino-afrikanischen Beziehungen, welche Wyatt nicht erwähnt hat. Ausgeglichener, komprimierter und empfehlenswerter sind die relevanten Passagen in Chin 2004.
[3] Zu diesem Schluss kommt jüngst auch Schottenhammer 2017: 210.
[4] Zu Grotius in jüngerer Zeit z. B. Ittersum 2006 und Borschberg 2011.
[5] Für die Song-Zeit siehe z. B. Lin Tianwei 1960; Hartwell 1983; Hennevogl 1995 (Institutionelles); Bielenstein 2005 (dieses umfangreiche Werk enthält viele Ungenauigkeiten). Überblicke zur Yuan-Seefahrt mit zahlreichen Hinweisen zum Tributverkehr und entsprechenden Institutionen z. B. in Yu Changsen 1994; Gao Rongsheng 1998. Für die Ming-Zeit ist besonders hilfreich Li Qingxin 2004.

eher auf rituelle Normen. Doch trifft diese Hypothese wirklich uneingeschränkt zu? Welche Ausnahmen gab es? Wie stand es mit der Vorstellung, Protektionsleistungen und Tributkontakte seien miteinander zu verknüpfen? Wenn es denn in vorkolonialer Zeit wirklich so friedlich auf den Meeren Asiens zuging, müssten wir dann die in Zweifel gezogene Teilung in eine überwiegend gewaltfreie Periode und eine massiv von Krieg und Ausbeutung dominierte Phase nicht doch als korrekt akzeptieren? – Hierauf werde ich an späterer Stelle zurückkommen.

Zum Auftakt ein weniger dramatisches Beispiel, nämlich die Diskussion um Srivijaya. Über viele Jahrhunderte habe dieser Staat, dessen Zentren wohl im Südosten Sumatras lagen, den friedfertigen Handel zwischen den östlichen Meeren, in der Melaka-Straße bis hin zur Choromandel-Küste kontrolliert, zumindest irgendwie bestimmt. Aber bis heute vermag niemand zu sagen, wie Srivijaya wirklich funktionierte. Haben wir es mit einem losen Verbund von Hafenorten zu tun, unter einer politischen Führung, oder mit einer streng hierarchisch organisierten Großmacht, und wie steuerte diese ihre Untertanen? Wie weit reichte der Einfluss jenes Gebildes, das wir heute als Srivijaya bezeichnen, sich selbst aber vielleicht ganz anders nannte? Kurios hierbei, wichtige Hinweise kommen aus Quellen der Epochen Tang bis Ming, der Name Srivijaya steckt hinter der chinesischen Variante Sanfoqi 三佛齊, ohne China wüssten wir über Srivijaya deutlich weniger. Gleich wie, der Fall Srivijaya hat in der Geschichtswissenschaft eine gewisse Eigendynamik entwickelt, und längst ist er zum Experimentierfeld für jene geworden, die mit dem Begriff der Thalassokratie spielen. Das hängt mit dem Umstand zusammen, dass die Angaben in Texten, die Einzelheiten über Sanfoqi berichten, etwa zu den Außenkontakten dieses Gebildes, sehr viel Interpretationsspielraum bieten.[6]

So ist unter anderem zu fragen, wie friedvoll war Srivijaya tatsächlich, und wie stand es um seine direkten und die weiter entfernten Nachbarn. Lebte Srivijaya wirklich davon, dass es Protektionsdienste anbot, Seestraßen kontrollierte und dafür Gehorsam und Anerkennung einforderte? Einige Spezialisten, die sich damit befasst haben, glauben an wiederholte militärische Eingriffe. Aber offenbar wurde nicht nur Srivijaya aktiv, auch andere erwiesen sich als kriegerisch. Erinnert sei an die Chola-Invasion(en) im frühen 11. Jahrhundert. Sollte es sich hierbei um gut geplante Militärpolitik gehandelt haben, die von Südasien ausging, nicht

---

6 Srivijaya wurde so populär in der Wissenschaft, dass bereits in den 1980er Jahren bibliographische Studien hierzu erschienen. Dazu Manguin 1987 und 1989. Danach zu China und Srivijaya z. B. So Kee-long 1998; Salmon 2003; Heng 2009. Ergänzend auch Heng 2008. Eher Methodisches etwa in Kulke 1998 und 2016. Ältere „Klassiker" zu Srivijaya und umliegenden Regionen: Cœdès 1918; Ferrand 1922; Wheatley 1961; Wolters 1967 und 1970. Wolters 1986 greift auf eigene Werke aus früherer Zeit zurück.

also um zufällige Raubzüge kleiner Gruppen, dann wäre der Schluss erlaubt, dass es rund um Asiens Meere schon lange vor den Europäern bzw. vor den Ming eben doch nicht so harmonisch zuging, wie bisweilen angenommen.[7]

Zu den militärischen Abenteuern zählen auch die sino-mongolischen Aktionen längs der Vietnam-Küste und gegen Java. Kublai Khan, angeblich weltoffen, frönte seinen Expansionsgelüsten, eingebettet in eine ehrgeizige Ideologie. Wie es der amerikanische Bibliothekar David Bade mit Blick auf die Java-Ereignisse und das „Eigene" passend formulierte: „Wer nicht für uns ist, ist gegen uns."[8] Also: „Mongolia first!" Kriegsschiffe, von den besiegten Song übernommene oder eigens zu diesem Behufe frisch gezimmerte, wurden auch für maritime Expeditionen gegen Japan und Liuqiu (瑠求, 琉求 etc.; heute 琉球), vermutlich Taiwan, bereitgestellt. An diesen Unternehmungen wirkten neben Mongolen und unterworfenen Chinesen noch andere Gruppen mit.[9] Muslime in Quanzhou gehörten zu jenen, die an den Vorbereitungen beteiligt waren und Mittel zur Verfügung stellten. Und in der Tat: Würden die wenigen überlieferten Zahlen aus der Yuan-Zeit nur annähernd stimmen, dann gab es in Ostasien vorübergehend gewaltige Kriegsflotten, kaum kleiner als das, was bei spektakulären Landungsoperation während des Zweiten Weltkrieges zum Einsatz kam. Und das in Zeitphasen, die vor Zheng He liegen.

Ein weiterer düsterer Gedanke kann mit Kublai Khans hemmungsloser Expansion verknüpft werden. Der Versuch, Liuqiu einzunehmen, ist leider schlecht dokumentiert; sollte es sich tatsächlich um Taiwan gehandelt haben, dann wäre den Yuan wohl zu unterstellen, sie hätten großräumig geplant und ganz bewusst einen Keil in den langen Inselgürtel, der von Japan bis nach Südostasien reicht, treiben wollen – mit Blick auf weitere Zielgebiete wie etwa die Babuyan-Inseln, Luzon oder gar die gesamte Sulu-Zone. Taiwan wäre dann also noch vor Auftritt der Spanier und Niederländer in Fernost, bzw. noch vor dem Ausgreifen der Globalisierung auf den pazifischen Raum, ins geostrategische Visier einer Weltmacht geraten. Mit dem Begriff der *Pax Mongolica*, der hier sofort in den Sinn kommt, wurde häufig gespielt; inwieweit er auf die maritime Seite zu übertragen ist, bleibt aber wohl Ansichtssache.

---

7 Zu den Chola-Expeditionen letztens z. B. Kulke et al. 2009.
8 Bade 2013:177. Das Besondere an diesem Buch: Es verdeutlich, dass Kublai Khans Java-Feldzug sehr unterschiedlich wahrgenommen wurde. Texte aus Java, Europa und China weichen in essentiellen Punkten stark voneinander ab. Zu den Mongolen und Kontinental-Südostasien z. B. Warder 2009.
9 Zu Kublais Angriffen auf Japan z. B. Bockhold 1982; Kreiner 2005; Van Deijk-von Kispal 2006; Delgado 2008; Turnbull/Hook 2010 (eher eine populäre Version). Zu Liuqiu letztens z. B. Ptak 2015a: 65–72; Ptak 2015b.

Die berühmten *hunyi*-Weltkarten (混一) aus der frühen Ming-Periode und Korea, welche auf kartographischen Konventionen der Mongolen-Zeit fußen – um zum nächsten Thema überzuleiten –, zeigen Indien, die Arabische Halbinsel und Afrika zwar nur in einer sehr verstümmelten Form, zudem haben die Kartographen auf eine auch nur annähernd realistische Wiedergabe der Konturen Südostasiens verzichtet, aber Texte der Yuan-Epoche belegen deutlich, dass chinesische Seefahrende wichtige Häfen und Länder in den genannten Zonen sehr wohl kannten.[10]

Zudem gab es zwischen etlichen Orten im tiefen Süden und dem kühlen Mongolenhof im hohen Norden, in Dadu 大都 bzw. Khanbalik, diplomatische Kontakte. Südindien und andere Gebiete, so könnte man meinen, waren Bausteine im mongolischen Weltordnungsgefüge. Doch war es wirklich so? Nahmen die Mongolen das vorweg, was Jahrhunderte später die Europäer zu inszenieren begannen, ja eigentlich bis heute für Briten und Amerikaner gilt, die von Diego Garcia bzw. den Chagos-Inseln aus weite Teile des Indischen Ozeans zu kontrollieren bemüht sind? Und nicht nur die Mongolen vertrieben andere; die fast schon in Vergessenheit geratenen Geschicke der Chagos-Insulaner belegen, dass die Anglophonen kaum weniger zimperlich mit Fremden umzugehen pflegen, wenn militärische Interessen auf dem Programm stehen.

Doch noch einmal zurück in die Yuan-Epoche. Auch als es um die Niederwerfung des chinesischen Staates durch die Mongolen und ihre Vasallen ging, kamen wiederholt mächtige Flotten zum Einsatz. Die Tragödie der letzten Schlachten in Chinas Küstenzonen ist immer wieder aufs Neue erzählt worden. Mehrere Inseln, Buchten und Orte, in denen schwere Gefechte ausgetragen wurden, gehörten damals zum Einzugsbereich des Kreises Xiangshan 香山; heute sind viele dieser Zonen ein Teil von Zhuhai. Fehleinschätzungen, logistische Probleme und falsche Entscheidungen, so scheint es, trugen maßgeblich zur Niederlage der Song bei. Aber die Einzelheiten wurden, wie vieles andere auch, nicht sauber überliefert.

---

10 Die älteste heute erhaltene *hunyi*-Karte ist ein Werk aus dem späten 14. Jahrhundert. Dazu etwa die Studien in Liu Yingsheng 2010. – Die wichtigste Quelle mit Beschreibungen von Orten längs der Seewege in Südostasien und rund um den Indischen Ozean stammt von Wang Dayuan 汪大淵. Dieser Text wurde spätestens Mitte des 14. Jahrhunderts in seine heutige Form gebracht, hat aber ältere Wurzeln. Viele Orte werden auch in einem Kapitel des nur noch fragmentarisch erhaltenen Nanhai zhi 南海志 (konventionell datiert auf 1304) genannt. Zu Wang Dayuans Text, besonders zum Aufbau dieses Werkes, z.B. Ptak 1995 und 1996 sowie letztens Zhou Yunzhong 2015 (besonders Kapitel 8.2 und 8.4). Zu editionsgeschichtlichen Fragen z.B. Liao Dake 2001 und Ptak 2016a. Zum zweiten Text etwa Qiu Xuanyu 1991, ferner Zhou Yunzhong 2015 (besonders Kapitel 8.1).

Abb. 9: Ausschnitt aus einer Version der *hunyi*-Weltkarte. Links erscheint Afrika mit einer Wasserfläche in der Mitte, vielleicht der Victoria-See. Die Spitze des Kontinents zeigt korrekt nach Süden. Das Mittelmeer ist nicht eingefärbt, aber bei genauem Hinsehen sind die Umrisse etwa der Iberischen Halbinsel und Italiens zu erkennen. Die Gebiete östlich von Afrika sind stark verzerrt. Das gilt auch für Südostasien, weiter rechts, außerhalb des gezeigten Ausschnitts. Ein ähnliches Kartenexemplar wird z. B. im Anschluss an Kreiner 2005 beschrieben. Entsprechende Abbildungen finden sich auch in zahlreichen anderen Werken.

Gleich wie, lassen wir die Polemik und das Säbelrasseln jetzt beiseite, denn Kriege müssen nicht überbetont werden. Zwar hinterließen sie ekelhafte Kerben in unserer Wahrnehmung von Geschehensabläufen, doch durch Mord und Totschlag wurde nicht alles entschieden. Für das Konzept eines über lange Zeiträume zusammenwachsenden Ensembles von Seezonen, die dem Austausch dienten, dürften Eruptionen von Gewalt nicht immer so ausschlaggebend gewesen sein, wie man nach Lektüre des Obigen glauben könnte. Mehrere Gründe kommen für diese Annahme in Frage: Militärische Aktionen dauerten oft nur kurz. Außerdem, auf hoher See wurde, nach allem, was wir wissen, nicht oder nur höchst selten gekämpft; das änderte sich erst in der Kolonialzeit. Mithin waren die seegestützten Kriegszüge der Asiaten bis hinein ins ausgehende Mittelalter fast immer auf den Transport von Truppen und mehr oder minder komplexe Landungsoperationen beschränkt. Gewiss, gelegentlich standen sich Flotten gegenüber, aber das geschah meist nur in küstennahen Zonen. Gegnerische Fahrzeuge wurden in der Regel geentert, an Bord tobten Kämpfe mit Messern und Schwertern wie an Land. Der systematische Einsatz von schwerer Artillerie mitten auf dem Meer – das dürfte erst in die Zeit der Europäer fallen.

Essentiell war die Kenntnis der Seewege, und essentiell ist auch die Überlegung, dass es bis weit in die Kolonialzeit hinein schwerfiel, einzelne Routen vollständig zu blockieren oder gar ganze Räume abzuschotten. Selbst enge Passagen wie die Melaka-Strasse wiesen Lücken auf, zudem konnte man oftmals auf andere Kanäle oder Landwege ausweichen. Störend für den Warenfluss und den Austausch über weite Distanzen oder auch nur im Küstenraum dürften eher Piraten und Räuber gewesen sein; häufig blieben lange Uferabschnitte über Jahrzehnte gefährdet. Das gilt z. B. für die Malabar-Küste, für die Ostprovinzen Chinas, für Korea und natürlich die malaiische Welt. Die Quellen verraten uns, dass es viele Formen der Piraterie gab, entsprechende Aktivitäten in den jeweiligen Kulturen jedoch unterschiedlich eingestuft und bewertet wurden.[11] Diese Unterschiede wirken bis heute nach, wenn wir etwa an die Deutung von Ereignissen rund um das Ostchinesische Meer denken.

---

11 Zur Piraterie in Ostasien sind sehr viele Studien vorhanden. Diese berühren vor allem die Beziehungen zwischen Japan, China und Korea im 16. Jahrhundert und danach. Nur einige Beispiele seien genannt: Wiethoff 1963; So Kwanwai 1975; Verschuer 1988; Olah 2009; Calanca 2011.

Primat des Geldes?

Die obigen Beispiele verdeutlichen, dass sich unsere Vorstellung vom friedlichen Austausch innerhalb Asiens leicht modifizieren lässt. Und das gilt auch für den anderen Punkt, der eingangs genannt worden war – nämlich dass hinter dem Entstehen eines integrierten asiatischen Seeraumes in erster Linie ökonomische Kräfte zu sehen seien. Zu fragen ist: Waren Geld und Profit wirklich so wichtig? Wie passen die *mandala*-Vorstellungen, verknüpft mit Srivijaya, ins materielle Kalkül? Die Ausbreitung des Islam – ein geldgetriebenes Phänomen? Schiffe voller Pilger unterwegs nach Jiddah, buddhistische Mönche, die zwischen China und Japan verkehrten oder gar zwischen China und Indien, via Srivijaya – einfach ein Stück Überbau, ein Dekor feudaler Strukturen, verknüpft mit grenzenloser Ausbeutung?[1] Und Zheng Hes Expeditionen?

Die Idee, Harmonie zu verbreiten, Chinas Beziehungen zu seinen Nachbarn an bewährten konfuzianischen Vorgaben zu orientieren, schwierige Regionen zu stabilisieren und Gefährdete zu schützen – wir können diese Argumente nicht einfach vom Tisch wischen. Selbst gleich nach Ausbruch der Neuzeit gilt, Portugal wollte zwar Venedigs Macht brechen und Gewürze nach Lissabon umleiten, aber die deutlich größer angesetzte, multikulturelle *Padroado*-Struktur im Dienste der Katholischen Kirche deutet auf ganz andere Dimensionen. Mission und kirchliche Institutionen als staatliche Herrschaftsinstrumente abzutun, erinnert an marxistische Sichtweisen. Könnte es nicht sein, dass wir uns, geblendet durch bestimmte Konventionen, ziemlich irren?[2] – Drum: Der Versuch, das mittelalterliche Ensemble asiatischer Meere oder die auf Seewege beschränkte Seidenstraßen-Struktur als *Mixtum compositum* zu deuten, als eine komplexe Matrix mit vielen Austausch-Komponenten, mag sehr wohl dafür geeignet sein, methodische wie weltanschauliche Probleme zu überwinden, einseitige Bevorzugungen zu unterlassen.

Auch wenn der *Estado da Índia* in die frühe Neuzeit gehört, wie oben betont, so mag es doch sinnvoll sein, kurz auf ihn einzugehen. Denn fast könnte man zu dem Schluss kommen, wir seien während der letzten Jahrzehnte dazu erzogen worden, ihn auf eine bestimmte Weise wahrzunehmen. Nicht selten wurde die

---

[1] Zu Mönchen, die zwischen China und Japan reisten, z. B. Verschuer 1985. Zu Pilgern nach Mekka z. B. Tagliacozzo 2016. Viele Arbeiten hierzu sind allerdings recht einseitig und sollten mit Vorsicht gelesen werden.

[2] Eine Interpretation, die kirchliche Belange gewissermaßen portugiesischer Machtgier unterstellt (und dabei möglicherweise von Vorgaben aus der anglophonen Welt geleitet ist), in Feldbauer 2003: 95–98.

Ankunft der Portugiesen in Indien als brutaler Einschnitt in die Geschichte des Subkontinents gewertet, gar als eine Art Terrorakt. Vielleicht war tatsächlich exzessive Gewalt im Spiel, aber könnte es nicht sein, dass die Quellen der Zeit bestimmte Sachverhalte ganz bewusst übertrieben?[3] Ging es nicht darum, die Schwäche der kleinen portugiesischen Kontingente zu übertünchen, Entschlossenheit und Stärke zu zeigen, um andere, auch Europäer – und damit potentielle Konkurrenten –, abzuschrecken und von der reichen Malabar-Küste fernzuhalten?

Ähnliches ist mit Blick auf Melaka fragen. War Melaka wirklich so wichtig, wie Tomé Pires es nahelegt? Haben Rui de Araújo und andere die Bedeutung dieses Ortes werbend hochgespielt, um damit den mageren Nachschub an Menschen und Mitteln aus dem fernen Portugal bzw. aus Goa zu sichern?[4] Zu bedenken ist hier: Innerhalb der eher knapp ausgestatteten *Estado*-Struktur stritten einzelne Personen und Gruppen um Macht und Einfluss, Führungskräfte rangelten um materielle Vorteile. Anders formuliert: Portugiesische Rhetorik im frühen und mittleren 16. Jahrhundert erfordert Vorsicht. Ein kleines Land, am Rande Europas gelegen, recht arm und dünn besiedelt, hätte keine großen Eroberungen durchführen können. Mehr als eine Kette kleiner Küstenstationen, von denen keineswegs alle befestigt und mit Kanonen bestückt waren, vermochte Portugal kaum zu unterhalten. Im Gegenteil, oftmals war es auf asiatische Hilfe angewiesen, anders als etwa die Briten.

Und da Lissabon einige Aktionen mit den Wünschen Roms abzustimmen pflegte, ist noch einmal die obige Frage zu wiederholen, und zwar besonders für die Periode ab etwa Mitte des 16. Jahrhunderts: Ging es wirklich immer nur darum, Geld in die Kassen der portugiesischen Krone, des Adels und der Reichen zu spülen? Könnte es nicht sein, dass die missionarische Komponente ranghöher war, auch für Portugal selbst? Müssen wir den vielen multi-kulturell orientierten Maßnahmen des *Estado* nicht doch einen breiteren Ansatz zugestehen, eine gewisse Offenheit gegenüber Andersdenkenden – und eben nicht allein die Absicht, Fremde rigoros ausbeuten und unterdrücken zu wollen? Hat die spätere europäische Konkurrenz, die regelmäßig Negatives über Lissabon zu berichten wusste, die Dinge vielleicht ein wenig geschwärzt, um von den eigenen Übeltaten abzulenken? Eine frühe Version von „fake news"? – Selbstverständlich, diese Gedanken sind uralt. Aber den *Estado* als Ausbeutungsstruktur darzustellen – das will nicht jedem schmecken. Conquista-Träume, verknüpft mit der Hoffnung auf großflächige Landnahmen, hatten ihren Ursprung in anderen Köpfen, etwa spa-

---

3 Vor allem indische Historiker und solche, die mit ihnen sympathisieren, äußern sich mitunter sehr negativ über die Rolle der Portugiesen, während sie oft – paradoxerweise – nur wenig Nachteilhaftes über die späteren Briten sagen.
4 Ptak 2004b.

nischen – erinnert sei an Alonso Sánchez und seine Empfehlung, das chinesische Festland von Manila aus anzugreifen –; portugiesische Entscheidungsträger blieben zurückhaltend und realistisch, hitzköpfige Vorschläge stießen nur selten auf Zustimmung.[5]

Verweilen wir noch ein wenig bei den „rein" kulturellen und geistigen Elementen. Ein anderes Thema, das sich zu diesen Überlegungen gesellt, ist die vorübergehende „Indisierung" von Teilen Südostasiens. Sekundärwerke, oft bunt bebildert, beschreiben die materiellen Zeugnisse indischer Einflüsse auf jene Gebiete, die heute zu Myanmar, Thailand, Kambodscha und Vietnam zählen – und sie schildern die mutmaßlichen Zusammenhänge häufig mit großer Hingabe. Auch die Präsenz von indischen Elementen auf Java, Bali und anderen Inseln ist ein faszinierendes Thema. Selbst wenn es provokativ klingen mag – all dies hat den Eindruck entstehen lassen, als seien die Kontakte zwischen Indien und Südostasien quer durch die Bengalische See und das Andamanische Meer durch die Verbreitung religiöser Ideen geprägt gewesen. War dies tatsächlich so? Repräsentierten Handel und Diplomatie nur sekundäre Rollen auf einer komplexen Austauschbühne? Und wenn es so gewesen wäre, wieso sollten wir dann im Falle der Portugiesen eine umgekehrte Relation befürworten und die *padres* als Handlanger ausbeuterischer Eliten betrachten? Wurde der Maritimen Seidenstraße um 1500 ein neues Regelwerk verordnet, das die Europäer lieferten? Wohl kaum, wenn wir an die Yuan-Periode denken, an die Rolle der Rhetorik und an viele weitere Faktoren...

Weniger wissen wir über die frühe Ausbreitung chinesischer Kulte in Südostasien. Der Glaube an Mazu oder Tianfei, Schutzpatronin der Seefahrenden, ist ein Beispiel. Meist werden die Anfänge dieses Kultes auf der kleinen Insel Meizhou 湄洲島 verortet, die vor der fujianesischen Küste liegt, nahe der Stadt Quanzhou. Üblicherweise heißt es, die Mazu-Verehrung habe im 10. und 11. Jahrhundert begonnen, gelegentlich wurde aber auch behauptet, sie sei aus älteren Traditionen hervorgegangen, welche aus einer Zeit stammen würden, während der besagte Gegend noch nicht fest zum chinesischen Reich gehörte. Gleich wie, es ist sehr wahrscheinlich, dass Händler, Seeleute und Soldaten aus Fujian, die im Mittelalter unterwegs waren, ihrer Gottheit an Bord wie zugleich an fremden Orten huldigten. Mazu, so dachte man, schütze Reisende vor Sturm und Wellen, vor Banditen, Krankheiten und anderen Unglücken. Gelegentlich habe sie sogar in

---

5 Vgl. z. B. Ollé 1998 und 2000; Iaccarino 2017. – Zwar erklären einige Portugiesen zu Beginn des 16. Jahrhunderts, diese oder jene Region in Asien sei militärisch schwach, mit wenig Aufwand könne sie eingenommen werden; aber solche Aussagen sind recht eindeutig als trotzige Reaktionen auf persönliches Missgeschick zu werten; folglich wurden sie nie wirklich ernst genommen.

militärische Konflikte eingegriffen, um den Guten zum Sieg zu verhelfen. Freilich, missionarische Gedanken waren den Gläubigen fremd und der Mazu-Kult ist auf chinesische Kreise beschränkt geblieben. In diesem Falle gilt sehr wohl: Die religiöse Komponente war ein Begleitumstand, sie hatte keine treibende Funktion.[6]

Abb. 10: Mazu hilft gegen Banditen. Quelle: Xu Qingsong et al. 1992. Diese Darstellung entstammt einem bekannten Bilderzyklus aus der Qing-Periode. Im 12. Jahrhundert, so eine Legende, habe Mazu kaiserliche Truppen im Kampf gegen Banditen unterstützt. Die Szene spielt im Küstenbereich der Provinz Zhejiang.

---

6 Umfassend zu Mazu z. B. Li Xianzhang 1998 und Xu Xiaowang 2007. Ein kurzer Überblick: Ptak 2012. Zu älteren Traditionen z. B. Mutmaßungen in Clark 2017: 51–56.

38 —— Primat des Geldes?

Abb. 11: Mazu beschützt eine Gesandtschaft. Quelle: wie Abb. 10. Zheng He ist auf Befehl des Ming-Kaisers ins heutige Thailand unterwegs. Sein Schiff droht zu kentern, er betet um Hilfe, und Mazu erscheint an der Spitze des Mastes. Die See beruhigt sich, Zheng He kann seine Mission erfüllen. Mehrere Quellen belegen Gesandtschaftsfahrten dorthin, aber viele Einzelheiten hierzu sind häufig sehr widersprüchlich überliefert.

Selbstverständlich gehört die Rolle des Islam ebenfalls zum Thema – und wirft Fragen auf, die sogar China betreffen. Kurz vor Ende der Mongolen-Herrschaft gab es in Fujian Auseinandersetzungen zwischen verschiedenen Gruppen, darunter viele Muslime. Der Einfluss des Pu-Klans (蒲) verfiel, und in der Folge verließen etliche Personen den wichtigen Hafen Quanzhou; fortan ging Quanzhous Bedeutung rapide zurück.[7] Vermutlich fanden die Emigranten auf Nordjava

---

7 Maejima 1973–1974; Zhuang Weiji 1980; Chen Dasheng 1982; Chaffee 2008 und 2017. Weiteres, auch über den Pu-Klan in der Song-Yuan-Übergangsperiode, z. B. in Kuwabara 1928–1935, ferner

Abb. 12: Mazu im Kampf um Penghu. Quelle: wie Abb. 10. Während der Eroberung Taiwans durch die Qing (17. Jahrhundert) greift Mazu in das Schlachtgeschehen ein. Die Kontrolle der Penghu-Inseln, vor der taiwanesischen Westseite, war essentiell für die Unterwerfung des Zheng-Klans auf Taiwan. Auf dem Bild wird Mazu von ihren beiden Assistenten begleitet. Auch hier kommt die göttliche Hilfe „von oben".

oder in Brunei und anderswo eine neue Heimat, wo sie die bereits vorhandene islamische Präsenz stärkten und wahrscheinlich zur Verbreitung ihres Glaubens beitrugen. Doch vieles bleibt unklar, und sogar die Sicht des Hofes in China zu den damaligen Ereignissen ist kaum zu ermitteln. Wie dachte der erste Ming-Kaiser, dessen Hauptfrau aus einer muslimischen Familie stammte, über die Muslime im

---

in Wade 2010a. Ergänzend zur Rolle des Islam in Südostasien etwa die Zusammenfassungen in Wade 2010b und 2010c: 13–16.

eigenen Land? Wie stand er zum Islam, nahm seine Gemahlin Einfluss auf höfische Entscheidungen? Falls ja, in welcher Weise und mit welchem Ziel? Verdecken die Quellen bestimmte Sachverhalte? Wie erklären wir die widersprüchlich überlieferte Verleihung eines Ehrentitels an Mazu nur kurze Zeit, nachdem der Kaiser den Thron bestiegen hatte?[8]

Aber damit ist nicht alles gesagt: Mit dem dritten Ming-Kaiser betreten wir die Ära der großen Seefahrten. Zheng He war Muslim, die Beziehungen zu Orten mit starker islamischer Präsenz scheinen damals (wieder?) recht eng gewesen zu sein. Andererseits heißt es, Zheng He habe auch den Mazu-Kult unterstützt, ebenso buddhistische Anliegen, nach außen hin aber konfuzianische Werte vertreten. Setzte der chinesische Kaiserhof nunmehr bewusst auf religiöse Toleranz und Multikulturalität? Wollte er die soeben erst abgetauchten Muslime, die in Südostasien weilten, wieder an sich binden, etwa im Rahmen einer multipolaren, überregionalen, großen Gemeinschaft? Sollte es so gewesen sein, dann hätten „ideelle" Elemente dieses Mal durchaus Vorrang vor dem Materiellen gehabt. – Wieder ein Argument für die Anwendbarkeit Braudel'scher Gedanken.

Die vorangehenden Beispiele zeigen, dass es schier unmöglich ist, die Geschichte der Maritimen Seidenstraße bzw. jener Küstenzonen und Inseln, die durch mannigfachen Austausch verkettet waren, auf einfache Formeln zu reduzieren. Friedliebende waren nicht immer friedlich; Religion und Kommerz bildeten zwei Komponenten eines Systems, beide können unterschiedlich gewichtet werden, je nach Sichtweise. Seien wir ehrlich: Oft wissen wir nicht genau, welche Kräfte am Ende ausschlaggebend waren. Angesichts dieser Sachlage von epochalen Änderungen oder gar Transformationen sprechen zu wollen, würde gewisse Risiken bergen.

---

[8] Einzelheiten dazu etwa in Ptak/Cai Jiehua 2017.

Zheng He: Spiel mit Räumen und Fakten

Dass die lückenhafte Überlieferung dazu einlädt, bestimmte Sachverhalte nach Gusto nutzbar zu machen, war schon erwähnt worden. Das gilt z. B. für die gerade erwogene islamische Komponente, und zwar gleich mehrfach. 1988 hat Haji Yusuf Chang im *Journal of the Malaysian Branch of the Royal Asiatic Society* argumentiert, der frühe Ming-Hof sei stark von islamischen Interessen geprägt gewesen. Vermutlich war es im Sinne der politischen „Großwetterlage", frische Symbole zu setzen. Heute wird erneut geworben. Tan Ta Sens Werke verdeutlichen dies. Wurde Melaka im 15. Jahrhundert gezielt von China protegiert, so sind es nunmehr Malaysia und Singapur, die zu wichtigen Basen in der Zheng He-Diskussion geworden sind.[1] In der Tat: Singapur ist längst ein Schmelztiegel konkurrierender Interessen. Während der dortige Hafen amerikanische Zerstörer und Flugzeugträger versorgt, scheint das Institute of Southeast Asian Studies, je nach äußeren Umständen, mal indischen und mal chinesischen Belangen den Vorzug zu geben. Und im Hintergrund schwebt Zheng He, steht eine offene Vergangenheit...

Als China vor kurzem die OBOR-Initiative verkündete, also das Schlagwort *one belt one road* bzw. *yi dai yi lu* 一带一路 in Umlauf brachte, wurde auch Indonesien explizit ins große Geschehen eingebunden.[2] Bereits seit geraumer Zeit liegen die Karten offen auf dem Tisch. Denn gleichsam in Verlängerung der Vergangenheit gilt heute, man solle es Zheng He gleichtun, Toleranz üben, Konflikte friedlich lösen – und dennoch patriotisch bleiben, wachsam, stets verteidigungsbereit, zumal das imperiale Zeitalter mit den Anglophonen als treibender Kraft noch nicht verblichen sei. Hum Sin Hoon (Zhan Xianxun 湛先訓) hat hieraus eine Tugend gemacht und neue Klänge für die Praxis vorgeschlagen: *Zheng He's Art of Collaboration* heißt das in Singapur erschienene Werk. Unter anderem sei es dazu geeignet, die machiavellistische Tönung, welche mit dem alten Sunzi 孫子 und seiner *Art of War* einhergeht, langfristig zu ersetzen.[3]

Diese Zusammenhänge sind hinreichend bekannt. Sie wirken zurück auf den Umgang mit Vergangenem, und zwar nicht allein auf die Art und Weise, wie wir den gesamten See- und Austauschraum „von oben" sehen, sondern auch auf die Deutung begrenzter Szenarien, gewissermaßen auf untergeordneter Ebene. Des-

---

1 Chang 1988; Tan Ta Sen 2005 und 2009; Chen Dasheng 2015.
2 Zur OBOR-Initiative sind inzwischen mehrere Bücher vorhanden, doch die meisten Beiträge finden sich im Internet. Da die OBOR-Idee viele Interpretationen zulässt, werden immer neue Deutungen geliefert. Hier sei nur ein gedrucktes Werk genannt, das die ungeheure Bandbreite des Themas abbildet: Lim Tai Wei et al. 2016.
3 Hum 2012.

halb noch einmal nach Melaka. Erinnern wir uns: Auf Tomé Pires und andere, die im frühen 16. Jahrhundert schrieben, kann die gängige Auffassung zurückgeführt werden, dieser Ort sei äußerst wichtig gewesen. Epochale Sekundärwerke wie die von Vitorino Magalhães Godinho und M. A. P. Meilink-Roelofsz wären ohne die *Suma Oriental* undenkbar. Etwas übertrieben formuliert: Nicht wenige Darstellungen wirken bisweilen ein wenig Melaka-zentriert. Manche halten diesen Ort gar für den mutmaßlich größten Hafen der Welt im ausgehenden 15. Jahrhundert – nachdem er sich von chinesischer Protektion befreit habe, wohlgemerkt.[4] Solcherlei ist mit Vorsicht zu genießen. Zahlen und andere Anhaltspunkte sprechen nicht unbedingt dafür, dass Melaka das führende Emporium längs der Maritimen Seidenstraße war. Sicher, Melaka hatte eine gewisse strategische Funktion, aber es gab noch viele weitere Handelszentren in der Region, die in der Nähe lagen und vielleicht nicht minder bedeutsam waren. Außerdem: Den Fürsten in Nordwest-Sumatra, allen voran der Region Samudra-Pasai, dürfte es sehr recht gewesen sein, portugiesische Expansionsgelüste umzulenken, eben nach Melaka, weit weg von den eigenen Reihen.[5] Jedenfalls scheint Afonso de Albuquerques Sieg das islamische Netzwerk gestärkt zu haben, welches mehrere Orte im fernen Westasien, in Gujarat, im äußersten Westen von Sumatra, auf Java und weiter östlich, bis hin zu den Molukken und zur Sulu-Zone, miteinander verband.

Bereits für die Zeit vor Ankunft der Portugiesen sind ähnliche Fragen zu stellen. Vor allem Samudra-Pasai könnte im 15. Jahrhundert mächtiger gewesen sein als Melaka; das zumindest ließe sich in chinesische Texte hineinlesen. Kurz, mit den Ereignissen des Jahres 1511 – dem Fall Melakas in portugiesische Hände – eine Wende in der Geschichte des Fernen Ostens verknüpfen zu wollen, eine neue Epoche beginnen zu lassen, klingt ziemlich übertrieben. Bleiben wir deshalb lieber vorsichtig: Melaka bestand aus Holzhäusern, feste Bauten gab es kaum, der Ort hatte nur wenig Hinterland. Schon im Zeitalter der Zheng He-Expeditionen stolpern wir über vergleichbare Probleme, denn wie soll ein Hafen mit vielleicht 20.000 Einwohnern kontinuierlich Wasser und Lebensmittel für angeblich bis zu 20.000 oder 30.000 Personen an Bord von sechzig oder mehr Schiffen zur Verfügung gestellt haben? Abgesehen von dem Umstand, dass es dort keine ausgebauten Hafenstrukturen gab – wie wohl auch nicht anderswo in Südostasien.

---

4 Lobato 2000: 13.
5 Zu Pasai (und anderen Orten in der Nähe) z. B. Alves 1999, 2000 und 2003, ferner Guillot/Kalus 2008. Zu Zweifel an der Bedeutung Melakas z. B. Ptak 2004b. – Bereits lange vor Melakas Aufstieg gab es rund um die Malaiische Halbinsel mehrere Gebiete, die miteinander konkurrierten und in verschiedene Formen des Austauschs eingebunden waren. Ein detaillierter Überblick z. B. in Jacq-Hergoualc'h 2002.

Warum die obigen Bemerkungen, was haben sie mit der OBOR-Initiative zu tun, was sagen sie uns? Zunächst einmal, Asiens Geschicke an der Kippe vom Mittelalter zur Neuzeit sind häufig instrumentalisiert worden. Dieser Prozess geht heute ungebremst weiter. Etliche Details, die gemeinhin mit Zheng Hes Fahrten verknüpft werden, lassen sich auf vergleichbare Weise hinterfragen. Jene, denen Beijings Außenpolitik missfällt, erinnern an die Interventionen der frühen Ming auf Sumatra und Sri Lanka. Doch was wirklich geschah – wir werden es wohl nie ermitteln können.

Und während die einen stolz behaupten, Zheng Hes Schiffe hätten schwere Artillerie an Bord gehabt, halten andere nüchtern dagegen, solcherlei lasse sich den Quellen partout nicht entnehmen. Mehrere Arbeiten, auch wissenschaftliche, stellen Zheng Hes angeblich so riesige „Schatzsegler" oder *baochuan* 寶船 winzigen portugiesischen Fahrzeugen gegenüber, um zu belegen, dass China den Europäern im 15. Jahrhundert technisch weit voraus gewesen sei. Briefmarken, in China gedruckt, zeigen Schiffe mit langen Kanonenreihen; dagegen wirken die Dschunken auf einer Buchillustration aus dem frühen 15. Jahrhundert viel bescheidener und harmloser.[6]

Nach Gavin Menzies erreichten Ming-Flotten sogar Amerika und durchquerten den Atlantik bis hinauf zur Karibik und noch weiter. Man hört die Kassen klingeln, wie bei Erich von Däniken.[7] Bis heute gibt es eine kleine Gemeinschaft von Unbelehrbaren, die Menzies nacheifern. Mehr noch: Die transpazifische Komponente, vor Magellan, kann auch dazu dienen, angeblich freundschaftliche Bande zwischen China und Nordamerika zu beschwören. Dass China im frühen 15. Jahrhundert hochseetaugliche Schiffe besaß, die es vielleicht bis zur mexikanischen Küste hätten schaffen können – ja, das muss nicht bestritten werden. Doch wäre es zu entsprechenden Fahrten gekommen, die Quellen würden es sicher berichten. In voreuropäischer Zeit wusste China schlichtweg nichts von der Neuen Welt, nicht einmal Pläne zur Erkundung der Gewässer direkt östlich der Ryukyu-Kette, „hinter" Taiwan oder jenseits der Philippinen dürfte es damals gegeben haben.[8] Entdeckerdrang, wie wir ihn von den Portugiesen kennen, war chinesischen Seefahrenden ziemlich fremd. Fast wehmütig klingt da die Bemerkung eines chinesischen Historikers, hätte Zheng He tatsächlich Amerika erreicht,

---

6 Zu Zheng Hes Schiffen z. B. Church 2005a und 2005b. Eine neuere Gesamtdarstellung zum chinesischen Schiffbau: Xi Longfei 2013. Für das Mittelalter etwa Dars 1992.
7 In die Schranken gewiesen wurde Menzies u. a. durch eine portugiesisch-chinesische Initiative: Pereira/Jin Guoping 2006.
8 Ein kurzer Überblick zu dem, was Chinesen über die pazifische Welt dachten, in Torck 2006. Weiteres z. B. in Ptak 2016b.

Abb. 13: Zheng Hes Flotte auf Briefmarke. Die erste große Flottenexpedition der Ming begann 1405. Sie führte Zheng Hes Schiffe bis nach Indien. Sechshundert Jahre später (2005) erinnert die hier gezeigte Gedenkmarke an dieses Ereignis.

würde dieser Kontinent heute vielleicht anders heißen, also einen chinesischen Namen tragen.[9]

Auch über mögliche Fahrten durch einige zentrale Teile des Indischen Ozeans, nach Madagaskar, zu den Maskarenen oder gar hinein in die subarktische Welt ist spekuliert worden. Doch wiederum fehlen substantielle Belege, die Schriftquellen sagen nichts hierzu, sogar die Zheng He-Karte lässt uns im Stich. Zwar zeigt selbige einige Inseln südlich oder südwestlich bzw. südöstlich (?) der Malediven, aber welche Gebiete damit gemeint sind – vielleicht der Chagos-Archipel, vielleicht Madagaskar, die Seychellen oder eine andere Gruppe (?) –, ist umstritten; und träfe eine der genannten Varianten zu, dann würde dies nicht unbedingt chinesische Fahrten dorthin implizieren, sondern wohl nur auf vage geographische Kenntnisse deuten, welche arabische und andere Kollegen geliefert hatten.[10]

Ähnliche Schwierigkeiten bereitet die auf der Karte gezeigte Küste südlich oder westlich (?) vor Sumatra. Bisweilen heißt es, sie stehe für den australischen Norden. Was ist davon zu halten? Klar ist, die lange Inselkette, welche von Bali bis

---

9 Vgl. Zhang Jians 張箭 Aufsatz in der wichtigen Sammlung von Shi Ping 2015.
10 Unterschiedliche Vorschläge z.B. in Mills 1970: 218 (Nr. 570), 293; Haijun haiyang cehui yanjiusuo 1988: 64, 67, 73; Xiang Da 2000b: 11; Zhou Yunzhong 2013: 275–276.

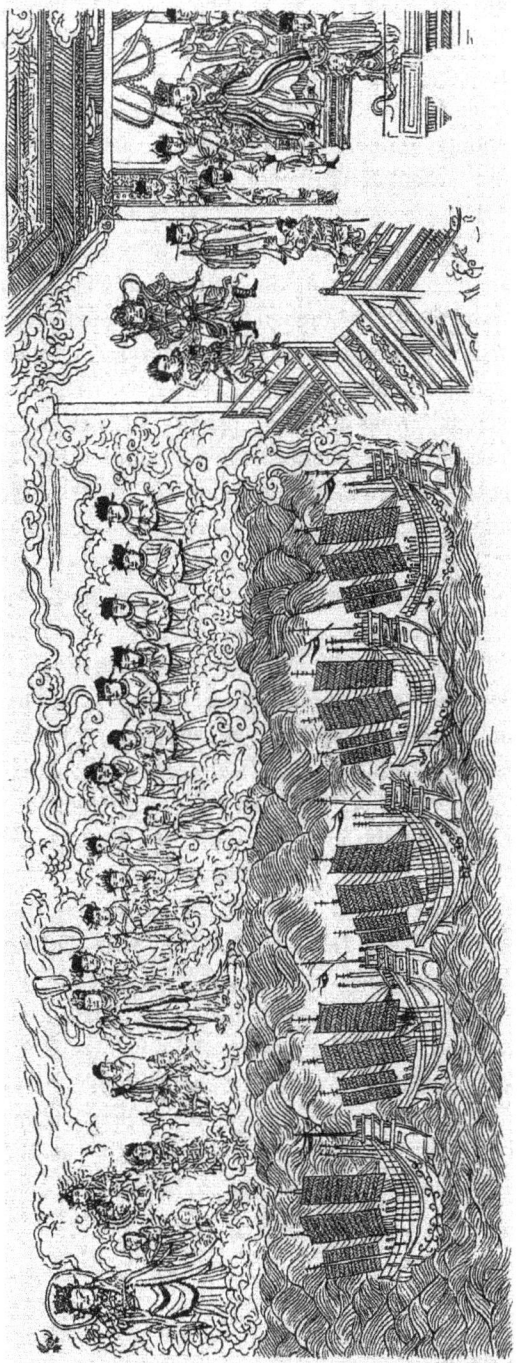

Abb. 14: Zheng Hes Schiffe. Quelle: Taishang shuo Tianfei jiuku lingyan jing 太上說天妃救苦靈驗經. Dieser Text, ursprünglich aus dem frühen 15. Jahrhundert, gehört heute zum daoistischen Kanon und ist eines der zentralen Werke für den Mazu-Kult. Die gezeigte Illustration ist dem Text beigefügt und gilt als frühe bildliche Darstellung der offiziellen Ming-Schiffe.

Timor reicht, war bekannt. Texte der Yuan-Epoche nennen sogar die Banda-Gruppe und die Molukken. Quellen, welche im frühen 15. Jahrhundert entstanden, begleitend zu den Ming-Expeditionen, blenden den malaiischen Osten dann wieder aus, liefern zumindest keine frischen Informationen zu diesem. Erst danach wird erneut an selbige Regionen erinnert, wobei allerdings meist nur alte Beobachtungen, die bereits im 14. Jahrhundert zirkulierten, aufbereitet werden. Wie aber steht es um Australien? Hatte Zheng He von seinen Landsleuten auf Java etwas über diesen Kontinent in Erfahrung gebracht? Kannte er die Gewässer südlich von Timor, die Insel Roti, die Sahul-Bänke – in späterer Zeit eine Quelle für Trepang –, den Bonaparte-Archipel vor der Kimberley-Küste, gar die Gegend um den heutigen Hafen Darwin? Wir vermögen es nicht zu sagen, Erkundungsfahrten in diese entlegenen Gegenden gehören eher in die Welt des Fiktiven, nichts kann hier als gesichert gelten.[11] Wem die „Entdeckung" Australiens zuzuschreiben ist, wird wohl noch lange ein Geheimnis bleiben. Zusammengefasst also: Trotz oder gerade wegen der besonderen Quellenlage sind Zheng Hes Reisen gerne zu allerlei Hypothesen herangezogen worden, aus unterschiedlichen Beweggründen.

Ein weiteres Thema berührt die Taiwan-Straße. Landeten Zheng He und seine Bediensteten auf Formosa, wie gelegentlich angenommen? Die Zheng He-Karte zeigt nur die Penghu-Inseln, nicht aber Taiwan. Dennoch scheinen vage Hinweise in späteren Texten mögliche Besuche anzudeuten. Wahrscheinlicher ist allerdings, dass Migranten aus Fujian, die sich im 16. oder 17. Jahrhundert auf Taiwan niederließen, entsprechende Geschichten erfanden, weil sie – von Niederländern und anderen bedrängt – an die Zeit der großen Seefahrten erinnern wollten, stolz die frühere Rolle Chinas als Seemacht beschwörend. Wohl dachten sie dabei besonders an Wang Jinghong 王景弘(宏), der aus ihrer Heimat stammte, also aus Fujian, und mal als Stellvertreter Zheng Hes, mal aber auch als ihm Ebenbürtiger dargestellt worden ist.[12] Kurz gesagt, Zheng He und Wang Jinghong bildeten Vorbilder, stärkten die geistige Bindung an das Festland, gehörten ins kollektive Gedächtnis, trugen zur Herausbildung neuer Identitäten und Gemeinschaften bei. Solcherlei ist sogar heute festzustellen: Nicht wenige Veranstaltungen zu Zheng He, wissenschaftliche und andere, werden von Vertretern aus mehreren chinesischsprachigen Regionen und Orten – Taiwan, Macau, Hongkong, Singapur mit eingeschlossen – gemeinsam bestritten, mit viel Aufwand und Geld. Die Vergangenheit verpflichtet, hilft politische Gräben zu überwinden. Der Mazu-Glaube,

---

11 Zu China und Australien in historischer Zeit z. B. Liao Dake 1999.
12 Wang Jinghong wurde in Fujian systematisch aufgewertet. Vgl. z. B. Zhu Mingyuan 2004. Zu Zheng He und Taiwan z. B. Ptak 2015a: 95–103.

dem wir oben begegnet waren, ist eine ähnlich geartete Klammer; auch sie schmiedet unterschiedliche Geister zusammen, stärkt die emotionalen Bande zwischen Taiwan, Fujian, Guangdong und anderen Regionen.[13]

Ein letzter Fall sei geschildert. Brunei stand bereits im Mittelalter mit Luzon in Kontakt wie zugleich mit Orten auf der Malaiischen Halbinsel und Java und natürlich ebenso mit China. Über welche Trasse der Austausch mit China gepflegt wurde, ist offen. Via Sabah hatte Brunei Anschluss an die Ostroute, via Kap Datu und Champa konnte Guangzhou erreicht werden. Doch die Frage der Seewege ist in diesem Falle nicht so wichtig. Bedeutender sind die islamischen Traditionen Bruneis, zudem die Verbindungen zu den Sulu-Inseln, die gleichfalls islamisch geprägt waren, und das gute Verhältnis zu den frühen Ming. Einige Details, die in alten Texten überliefert sind, sprechen dafür, dass der chinesische Hof beide Staaten, Brunei und Sulu, protegierte bzw. zwischen ihren Interessen zu vermitteln suchte.[14] Diese Sachlage kann mit den Ming-Expeditionen verknüpft werden. Letztere führten zwar in Richtung Melaka und hinein in den Indik, aber die Sulu-Zone galt gewissermaßen als Nebenschauplatz. Folglich wurde das Thema in unserer Zeit gerne aufgegriffen. Die großen Gesandtschaften, welche von Brunei und den Sulu-Inseln nach China gingen, boten Stoff für Filme und die Bühne. Wohlgemerkt, der Ming-Hof empfing seine treuen Vasallen mit offenen Armen. China wirkte ausgleichend und unternahm nichts, um deren Gebiete mit Gewalt an die Leine zu legen. Auch Portugal hielt sich in diesen Zonen zurück und nutzte die Route von Melaka via Brunei und Sulu für kommerzielle Zwecke, nämlich für Geschäfte mit den Molukken. Dass die Spanier nur wenig später und hernach auch die Briten völlig anders auftraten, muss nicht eigens erwähnt werden.

---

13 Vgl. z. B. Cai Tianshan 2004; Tischer 2014; Ptak 2017b. Vieles bleibt allerdings politisch gefärbt.
14 Zu den Beziehungen zwischen Sulu und China z. B. relevante Teile in Wu Ching-hong 1959, ferner Ptak 1986. Zu Brunei und China vor allem Kurz 2011, 2013 und 2014.

Abb. 15: Tafel zu Ehren eines Sulu-Herrschers. Quelle: Jinian weida hanghai jia..., 1985. Im frühen 15. Jahrhundert starb ein Sulu-König während seines Aufenthaltes in China. Sein Grab befindet sich in Dezhou 德州, Shandong. Da er als loyaler Untertan galt, ließ der chinesische Hof eine Inschrift für ihn errichten. Die Gedenkstätte wurde von Angehörigen bzw. Nachfahren der damaligen Sulu-Delegation gepflegt, die offenbar regelmäßige Zuwendungen für ihren Lebensunterhalt erhielten.

Wohin die Bilder führen

Angesichts so vieler Möglichkeiten, die Zheng He-Fahrten politisch und ideologisch zu instrumentalisieren, könnte man meinen, alles sei erlaubt, die Quellen böten unendlich viel Spielraum für unterschiedliche Interpretationen. Und was für die frühen Ming-Fahrten gilt, trifft in ähnlicher Weise auf andere Themen zu. Hierbei sind selbst gewisse Dissonanzen innerhalb des historischen Lagers in China zu beobachten. Damit kehren wir erneut zum Anfang zurück, zur Wahrnehmung des Raumes. Wo etwa beginnt die Maritime Seidenstraße, auf deren unsichtbarem Pflaster Zheng He zu wandeln pflegte? Einige sehen ihren Ausgangspunkt in Fujian, andere in Guangdong. Das wiederum dürfte in der weiter nördlich gelegenen Provinz Shandong auf wenig Gegenliebe stoßen.[1] Mit ihr, genauer gesagt, mit den alten Staaten Lu 魯 und Qi 齊, ist die Geburtsstätte des Konfuzianismus verknüpft, und selbiger fand eben nicht nur über Landwege, sondern auch per Schiff seine Verbreitung. Schon das allein dürfte genügen, Shandong in eine Braudel'sche Matrix aufzunehmen.

Wohl ähnlich wird man in Korea und Japan argumentieren, wie oben schon bemerkt worden war. Und ferner: Was spricht gegen die Ausdehnung des „Systems" bis zu den Kurilen und noch weiter nach Norden? Selbst am Äquator in Singapur wird längst mit dem Seidenstraßen-Etikett hantiert. Schließlich liegt dieser heiße Ort auf halbem Wege zwischen Kamtschatka und Basra. *Singapore & and the Silk Road of the Sea, 1300–1800* heißt denn ein jüngeres Buch, dessen Titel viele Erwartungen weckt, ohne sie wirklich erfüllen zu können, zumal Textquellen und archäologische Funde partout nicht auf eine kontinuierliche Besiedlung jenes Terrains schließen lassen, das heute zu einem überwiegend von Chinesen geprägten Stadtstaat zählt.[2] Und ob die physische Gestalt dieser Gegend im Mittelalter dem jetzigen Profil entsprach – nicht einmal das ist mit Sicherheit zu beantworten.

Wie wird man künftig mit mittelalterlichen Netzwerken umgehen und mit einzelnen Ethnien, soweit diese überhaupt identifizierbar sind? Fast überflüssig erscheint der Hinweis darauf, dass solcherlei – mit ein wenig philologischem Geschick – auf höchst einfache Weise in den Dienst politischer Ambitionen unserer Zeit zu stellen ist. Nur ein Beispiel sei genannt: Welche Rolle fällt den Nicht-Han-Gruppen zu, die bis weit in die Tang- oder Song-Periode hinein zwischen den Buchten und Inseln vor Chinas südlichen Küsten tätig waren, wohl also zum

---

1 Überblicke, auch mit lokalem Bezug, sind z.B.: Liu Yingsheng 1995; Chen Yan 1996; Huang Qichen 2003; Zhu Yafei 2008; Zhuang Weimin 2017.
2 Miksic 2013.

Aufblühen der großen maritimen Achse beitrugen?[3] Sie werden in alten chinesischen Texten genannt, aber wohl kaum in anderssprachigen Quellen – zur Freude der Wissenschaft, zur Freude findiger Interpreten.

Doch legen wir eine Plane über all die schwarzen Löcher. Wichtiger ist: Im Reich der Mitte blüht gegenwärtig noch eine weitere Diskussion, die einen grundsätzlichen Charakter hat: Was ist unter „maritimer Kultur" (*haiyang wenhua* 海洋文化) zu verstehen, was unter „maritimer Geschichte" (*haiyang lishi* 海洋歷史), „maritimer Erziehung" (*haiyang jiaoyu* 海洋教育), „maritimer Literatur" (*haiyang wenxue* 海洋文學) usw.?[4] Inwieweit sollten wir diese Bereiche von ihren „landgestützten" Pendants abgrenzen? Oder sind beide jeweils als Teile größerer Entitäten zu deuten? Ist die maritime Sphäre am Ende doch wieder der „Landratten"-Ideologie unterzuordnen? Wie tief sitzt die Angst, mit Hilfe Braudel'scher Kategorien könnten ganze Segmente der chinesischen Küste aus dem Einheitsstaat entfernt, gar als etwas Eigenständiges betrachtet oder, schlimmer noch, zugunsten Fremder, welche von außen auf das bestehende System einwirken, nutzbar gemacht werden? Gewiss, das Argument, Taiwan, Hainan sowie die Guangdong- und Fujian-Küsten seien vor ideologischen Zugriffen zu schützen, ist verständlich, wird bedacht, dass Wissenschaftler bisweilen von „Greater Southeast Asia" sprechen oder andere schwammige Konzepte ins Feld führen. Auch Yunnan hat es schon getroffen. Südostasien-Experten betrachten diese durch ethnische, linguistische und religiöse Vielfalt charakterisierte Region gelegentlich als Teil ihres Terrains.

Das Obige zeigt nur einige Gedankensplitter. In summa, jene, denen es um die sogenannte Maritime Seidenstraße geht, stehen vor einem dornigen Dilemma. Unverrückbar eingeschlagene Pflöcke sind schwer auszumachen, die mittelalterlichen Bühnen sind sumpfig, fast überall wankt der Grund. Wird man jemals Ordnung in das Ganze bringen können? Wozu, so mag man angesichts der vielen Unsicherheiten fragen, benötigen wir Modelle, warum das Thema Austausch, warum Braudel, weshalb überhaupt die Maritime Seidenstraße?

---

3 Zu denken ist hier z. B. an diverse Yue-Gruppen (越). Zu den Yue letztens etwa Brindley 2015. Ein anderer Fall: Spätere Quellen erwähnen oftmals die sogenannten Dan 蛋 (Tanka), über deren Herkunft und Rolle gleichfalls Uneinigkeit herrscht.

4 Zu einigen dieser Termini und Konzepte sowie den gegebenenfalls mit ihnen verbunden Anregungen für künftige wissenschaftliche Arbeiten – in der VR China sowie auf Taiwan – z. B. Qiu Wenyan 2003; Qu Jinliang 2003 und 2014; Yang Guozhen 2015 und 2016. Mehrere Sammelbände und Überblickswerke spielen gleichfalls mit den genannten Begriffen. Beispiele: Yang Yunzhong 2005 und Qu Jinliang/Zhao Chengguo 2013. Eigenständige Entwicklungen könnte das Thema *haiyang wenxue* nehmen. Ein Sammelwerk hierzu: Zhang Wei 2013.

Eingangs hatte ich angekündigt, Fragen aufzuwerfen, Antworten schuldig zu bleiben. Luftschlösser, so der Verdacht, dienen nicht selten dazu, Lücken zu stopfen. Unser Unvermögen, die historische Wirklichkeit verlässlich zu erfassen, wird mit Kategorien, Definitionen und Hypothesen vernebelt. Wahrscheinlich werden wir noch lange in diesem Dilemma verharren. Freilich, zu viele Konjunktive werden ebenso häufig als störend empfunden. Die Dinge müssen griffig sein, knappe Aussagen sind gefragt, am besten affirmativ. Mehrfach wurde ich gebeten, zweifelnde Bemerkungen doch möglichst zu unterlassen, lieber den Indikativ zu verwenden und englischsprachige Werke zu zitieren.

Die See fasziniert, Asiens Meere waren schon immer exotisch, Braudels Welt mit der Idee des Austausches – am Ende verführt sie, wie alle anderen Konstrukte, nur dazu, die Annahme der Annahme zu bestätigen. Und dennoch haben Visionen auch Charme. Die Mittelmeervariante ist dehnbar, modifizierbar, anpassungsfähig. Eingangs haben wir überlegt, ob die Maritime Seidenstraße als eine Kette ähnlicher Zonen oder als Ensemble gedachter Linien zu verstehen sei. Nun liefert ausgerechnet China einen möglichen Kompromiss: Zwar wird das *One belt one road*-Konzept meistens so gedeutet, dass *belt* auf die Landwege und *road* auf die Seeachse zu beziehen sei, aber man könnte diese Trennung fallen lassen. Wir würden dann von einem langen Band sprechen, das die Meere von Ost nach West überspannt.

Innerhalb dieses Raumes soll es, so Chinas Wunsch, friedlich zugehen, anders als früher, unter Niederländern und Briten, und heute, unter dem Einfluss Washingtons. Eine vorherrschende Ideologie muss es nicht geben, obgleich wir im Grunde, angesichts der politischen Verhältnisse in der Volksrepublik, eigentlich eine saubere Einbettung in marxistische Sphären erwarten würden. Aber vielleicht ist ja in dem Umstand, dass es angeblich (oder tatsächlich?) ohne Ideologie geht, eine neue Art der Toleranz zu sehen, ein ganz besonderer *-ismus*. Gleich wie, das Mittelalter und Zheng He dürfen auch aus sich heraus verwertet werden, leicht umnebelt nur von einer „konfuzianischen" Wolke, womit wir dann doch wieder beim „Überbau" wären. In jedem Falle komme es auf die Richtigstellung der Bezeichnungen und Normen an, auf die Semantik also – eine uralte Forderung, der wir in Gestalt des Schlagwortes *zheng ming* 正名 schon in vorchristlicher Zeit begegnen. Nicht *China first*, denn alle sind in einem Boot; nein, Harmonie und Austausch sind gefragt. So sei es damals gewesen, so müsse es heute sein. Braudel ist zum Greifen nahe, aber vermutlich bleibt er drinnen vor der Tür, denn es gibt wohl einen Fehler: Seine Abstammung könnte stören, die Utopie sollte nicht aus dem unruhigen Westen kommen.

Ausgewählte Literatur

Alves, J. M. dos Santos, O domínio do norte de Samatra. A história dos sultanatos de Samudera-Pacém e de Achém, e das suas relações com os Portugueses (1500–1580), Lissabon 1999.

Alves, J. M. dos Santos, Samatra, in: Marques 2000, 77–124.

Alves, J. M. dos Santos, Três sultanatos malaios do Estreito de Malaca no séculos XV e XVI (Samudera-Pasai, Aceh e Malaca/Johor). Estudo comparativo de história social e política, Lissabon 2003 (Dissertation, Universidade Nova de Lisboa).

Antony, R. J./A. Schottenhammer (Hrsg.), Beyond the Silk Roads: New Discourses on China's Role in East Asian Maritime History, Wiesbaden 2017.

Bade, D., Of Palm Wine, Women and War. The Mongolian Naval Expedition to Java in the 13th Century, Singapur 2013 (frühere Version Ulan Bator 2002).

Batchelor, R. K., London. The Selden Map and the Making of a Global City, 1549–1689, Chicago 2014.

Batchelor, R. K., The Selden Map Rediscovered: A Chinese Map of East Asian Shipping Routes, c. 1619, in: Imago Mundi 65.1 (2013), 37–63.

Beaujard, P., Les Mondes de l'Océan Indien. Bd. 1: De la formation de l'État au premier système-monde afro-eurasien (4e millénaire av. J.-C. – 6e siècle ap. J.-C.). Bd. 2: L'Océan Indien, au cœur des globalisations de l'Ancien Monde (7e–15e siècles), Paris 2012.

Benedictow, O. J., Yersinia pestis, the Bacterium of Plague, Arose in East Asia. Did it Spread Westwards via the Silk Roads, the Chinese Maritime Expeditions of Zheng He or over the Vast Eurasian Populations of Sylvatic (Wild) Rodents?, in: Journal of Asian History 47.1 (2013), 1–31.

Bielenstein, H., Diplomacy and Trade in the Chinese World, 589–1276, Leiden etc. 2005.

Bockhold, W., Das Hachiman-gudōkun als historische Quelle, insbesondere zu den Invasionen der Mongolen in Japan, Augsburg 1982 (Dissertation, Ludwig-Maximilians-Universität, München).

Borschberg, P., The Singapore and Melaka Straits: Violence, Security and Diplomacy in the 17th Century, Singapur 2010.

Borschberg, P., Hugo Grotius, the Portuguese and Free Trade in the East Indies, Singapur 2011.

Borschberg, P., The Singapore Straits in the Latter Middle Ages and Early Modern Period (c. 13th to 17th Centuries): Facts, Fancy and Historiographical Challenges, in: Journal of Asian History 46.2 (2012), 193–224.

Bouchon, G./Thomaz, L. F. F. R. (Hrsg.), Voyage dans les deltas du Gange et de l'Irraouaddy. Relation portugaise anonyme (1521), Paris 1988.

Brindley, E. Fox, Ancient China and the Yue: Perceptions and Identities on the Southern Frontier, c. 400 BCE–50 CE, Cambridge 2015.

Bronson, B., Exchange at the Upstream and Downstream Ends: Notes Towards a Functional Model of the Coastal State in Southeast Asia, in: K. L. Hutterer (Hrsg.), Economic Exchange and Social Interaction in Southeast Asia: Perspectives from Prehistory, History and Ethnography (Ann Arbor 1977), 39–52.

Cai Taishan 蔡泰山, Mazu wenhua yu liang'an guanxi fazhan 媽祖文化與兩岸關係發展, Taibei 2004.

Calanca, P., Piraterie et contrebande au Fujian: l'administration chinoise face aux problèmes d'illégalité maritime (XVIIe – début XIXe siècle), Paris 2011.

Chaffee, J. W., Muslim Merchants and Quanzhou in the Late Yuan-Early Ming: Conjectures on the Ending of the Medieval Muslim Trade Diaspora, in: Schottenhammer 2008, 115–132.
Chaffee, J. W., Pu Shougeng Reconsidered: Pu, His Family, and their Role in the Maritime Trade of Quanzhou, in: Antony/Schottenhammer 2017, 63–75.
Chang, Haji Y., The Ming Empire: Patron of Islam in China and Southeast-West Asia, in: Journal of the Malaysian Branch of the Royal Asiatic Society 61.2 (1988), 1–44.
Chaudhuri, K. N., Trade and Civilization in the Indian Ocean. An Economic History from the Rise of Islam to 1750. Cambridge 1985.
Chen Dasheng 陳達胜, Quanzhou Yisilan jiaopai yu Yuan mo Yisibaxi zhanluan xingzhi shitan 泉州伊斯蘭教派與元末亦思巴奚戰亂性質試探, in: Haijiaoshi yanjiu 海交史研究 4 (1982), 113–119.
Chen Dasheng 陳達胜, Lun Zheng He de tiandao sixiang 論鄭和的天道思想, in: Shi Ping 2015, 3–11.
Chen Jiarong 陳佳榮/Zhu Jianqiu 朱鑒秋 et al. (Hrsg.), Zhongguo lidai hailu zhenjing 中國歷代海路針經, 2 Bde, Guangzhou 2016.
Chen Yan 陳炎, Haishang sichou zhi lu yu Zhongwai wenhua jiaoliu 海上絲綢之路與中外文化交流, Beijing 1996.
Chin, James K. (Qian Jiang), Ports, Merchants, Chieftains and Eunuchs: Reading Maritime Commerce in Early Guangdong, in: Shing Müller/Thomas Höllmann/Putao Gui (Hrsg.), Guangdong: Archaeology and Early Texts / Archäologie und frühe Texte (Zhou-Tang) (Wiesbaden 2004), 217–239.
Chung Chee Kit, Longyamen is Singapore – The Final Proof?, in: Asian Culture 27 (2003), 17–23.
Church, S. K., Zheng He: An Investigation into the Plausibility of 450-ft Treasure Ships. In: Monumenta Serica 53 (2005a), 1–42.
Church, S. K., The Colossal Ships of Zheng He: Image or Reality?, in: C. Salmon/and R. Ptak (Hrsg.), Zheng He: images & perceptions / Bilder & Wahrnehmungen (Wiesbaden 2005b), 155–176.
Clark, H. R., The Coastal Cultures of Ancient Fujian and the Roots of Regional Cults, in: Antony/Schottenhammer 2017, 43–61.
Cœdès, G., Le royaume de Çrîvijaya, in: Bulletin de l'École française d'Extrême-Orient 18.6 (1918), 1–36.
Cortesão, A. (Hrsg., Üb.), The Suma Oriental of Tomé Pires…, 1512–1515, and the Book of Francisco Rodrigues…, 2 Bde., London 1944.
Dars, J., La marine chinoise du Xe siècle au XIVe siècle, Paris 1992.
Delgado, J. P., Khubilai Khan's Lost Fleet. In Search of a Legendary Armada, Berkeley 2008.
Deloche, J., Geographical Considerations in the Localisation of Ancient Sea-ports of India, in: Indian Economic and Social History Review 20.4 (1983), 439–448.
Deloche, J., Études sur la circulation en Inde. IV: Notes sur les sites de quelques ports anciens du pays Tamoul, in: Bulletin de l'École française d'Extrême-Orient 74 (1985), 141–166.
Edwards McKinnon, E., Beyond Serandib: A Note on Lambri at the Northern Tip of Aceh, in: Indonesia 46 (1988), 103–121.
Feldbauer, P., Estado da Índia. Die Portugiesen in Asien 1498–1620, Wien 2003.
Ferrand, G., Les îles Râmny, Lâmery, Wâḳwâḳ, Ḳomor des géographes arabes, et Madagascar, in: Journal Asiatique 10.3 (November-Dezember 1907), 433–566.

Ferrand, G., Relations de voyages et textes géographiques arabes, persans et turks relatifs à l'Extrême-Orient du VIIIe au XVIII siècles, 2 Bde., Paris 1913–1914.
Ferrand, G., L'Empire sumatranais de Çrīvijaya, in: Journal Asiatique 20 (1922), 1–104, 162–244.
Flores, J. M., „Cael Velho", „Calepatanão" and „Punicale": The Portuguese and the Tambraparni Ports in the Sixteenth Century, in: Bulletin de l'École française d'Extrême-Orient 82 (1995), 9–26.
Fragner, B. G. et al. (Hrsg.), Pferde in Asien: Geschichte, Handel und Kultur / Horses in Asia: History, Trade and Culture, Wien 2009.
Gao Rongsheng 高榮盛, Yuandai haiwai maoyi yanjiu 元代海外貿易研究, Chengdu 1998.
Gerini, G. E., Researches on Ptolemy's Geography of Eastern Asia (Further India and Indo-Malay Archipelago), Delhi 1974 (ursprünglich London 1909).
Gipouloux, F., La Mediterranée asiatique. Villes portuaires et réseaux marchands en Chine, au Japon et en Asie du Sud-Est, XVIe–XXIe siècle, Paris 2009.
Gomes, R. Cinatti Vaz Monteiro Gomes, Esboço histórico do sândalo no Timor Português, Lissabon 1950.
Guedes, M. A. de Barros Serra Marques, Interferência e integração dos Portugueses na Birmânia, ca. 1580–1630, Lissabon 1994.
Guillot, C. (Hrsg.), Histoire de Barus. Le Site de Lobu Tua. Bd. 1: Études et documents. Paris 1998.
Guillot, C., et al., Histoire de Barus. Le Site de Lobu Tua. Bd. 2: Étude archéologique et documents, Paris 2003.
Guillot, C./Ludvik Kalus (Hrsg.), Les monuments funéraires et l'histoire du sultanat de Pasai à Sumatra (XIIIe – XVIe siècles), Paris, 2008.
Haijun haiyang cehui yanjiusuo… 海軍海洋測繪研究所… (Hrsg.), Xinbian Zheng He hanghai tuji 新編鄭和航海圖集, Beijing 1988.
Han Zhenhua 韓振華, Nanhai zhudao shidi yanjiu 南海諸島史地研究, Beijing 1996.
Han Zhenhua 韓振華 (Verf.), Xie Fang 謝方 et al. (Hrsg.), Nanhai zhudao shidi lunzheng 南海諸島史地論證, Hongkong 2003.
Hartwell, R., Tribute Missions to China, 960–1126, Philadelphia 1983 (Eigenverlag).
Haw, S. G., The Maritime Routes between China and the Indian Ocean during the Second to Ninth Centuries CE, in: Journal of the Royal Asiatic Society 27.1 (2017), 53–81.
Heng, D., Shipping, Customs Procedures, and the Foreign Community. The 'Pingzhou ketan' on Aspects of Guangzhou's Maritime Economy in the Late Eleventh Century, in: Journal of Sung-Yuan Studies 38 (2008), 1–38.
Heng, D., Sino-Malay Trade and Diplomacy from the Tenth through the Fourteenth Century, Athens (Ohio) 2009.
Hennevogl, I., Das Schiffahrtsamt in der Song-Zeit, in: Dieter Kuhn/Ina Asim (Hrsg.), Beamtentum und Wirtschaftspolitik in der Song-Dynastie (Heidelberg 1995), 266–302.
Heyns, P. (Han Jiabao), Deer Hunting in Formosa under the Dutch Occupation, in: Ku Wei-ying (Hrsg.), Missionary Approaches and Linguistics in Mainland China and Taiwan (Leuven 2001), 59–100.
Höllmann, T. O., Formosa and the Trade in Venison and Deer Skins, in: R. Ptak/D. Rothermund (Hrsg.), Emporia, Commodities and Entrepreneurs in Asian Maritime Trade, c. 1400–1750 (Stuttgart 1991), 263–290.

Hsiao Hung-te, Fleet and Wall: Ming China's Strategic Option 1392–1449, Canberra 2006 (Dissertation, Australian National University).
Huang Qichen 黃啟臣, Guangdong haishang sichou zhi lu shi 廣東海上絲綢之路史, Guangzhou 2003.
Hum Sin Hoon (Zhan Xianxun 湛先訓), Zheng He's Art of Collaboration: Understanding the Legendary Chinese Admiral from a Management Perspective, Singapur 2012.
Iaccarino, U., Conquistadores of the Celestial Empire: The Spanish Policy toward China at the End of the 16th Century, in: Antony/Schottenhammer 2017, 77–97.
Ittersum, M. J. van, Profit and Principle: Hugo Grotius, Natural Rights Theories and the Rise of Dutch Power in the East Indies, 1595–1615, Leiden 2006.
Jacq-Hergoualc'h, M. (Verf.), V. Hobson (Üb.), The Malay Peninsula: Crossroads of the Maritime Silk Road (100 BC – 1300 AD), Leiden 2002.
Jeong Moon-soo 鄭文洙 et al. (Hrsg.), The Maritime Silk Road and Seaport Cities, Seoul 2015.
Jinian weida hanghai jia..., Zhongguo hanghaishi yanjiuhui 紀念偉大航海家 ..., 中國航海史研究會 (Hrsg.), Zheng He shiji wenwu xuan 鄭和史迹文物選, Beijing 1985.
Kauz, R./R. Ptak, Hormuz in Yuan and Ming Sources, in: Bulletin de l'École française d'Extrême-Orient 88 (2001), 27–75.
Kreiner, J., Die mongolischen Versuche einer Unterwerfung Japans, in: Kunst- und Ausstellungshalle der Bundesrepublik Deutschland GmbH (Hrsg.), Claudius Müller/Henriette Pleiger (Hrsg.), Dschingis Khan und seine Erben. Das Weltreich der Mongolen (München 2005), 328–332.
Kulke, H., Srivijaya – Ein Großreich oder die Hanse des Ostens?, in: Stephan Conermann (Hg.), Der Indische Ozean in historischer Perspektive (Hamburg 1998), 57–88.
Kulke, H., Śrīvijaya Revisited: Reflections on State Formation of a Southeast Asian Thalassocracy, in: Bulletin de l'École française d'Extrême-Orient 102 (2016), 45–95.
Kulke, H./K. Kesavapany/Vijay Sakhuja (Hrsg.), Nagapattinam to Suvarnadwipa. Reflections on the Chola Naval Expeditions to Southeast Asia, Singapur 2009.
Kurz, J. L., Boni in Chinese Sources: Translations of Relevant Texts from the Song to the Qing Dynasties, http://www.ari.nus.edu.sg/docs/BoniInChineseSources-edited4.pdf (zuletzt: Juli 2011).
Kurz, J. L., Pre-modern Chinese Sources in the National History of Brunei: The Case of Poli, in: Bijdragen tot de Taal-, Land- en Volkenkunde 169.2–3 (2013), 213–243.
Kurz, J. L., Boni in Chinese Sources from the Tenth to the Eighteenth Century, in: International Journal of Asia-Pacific Studies 10.1 (2014), 1–32.
Kuwabara, Jitsuzô, On P'u Shou-keng, a Man of the Western Regions, who was the Superintendent of the Trading Ships' Office in Ch'üan-chou towards the End of the Sung Dynasty, together with a General Sketch of the Arabs in China..., in: Memoirs of the Research Department of the Toyo Bunko 2 (1928), 1–79, und 7 (1935), 1–104.
Li Kangying, The Ming Maritime Trade Policy in Transition, 1368–1567, Wiesbaden 2010.
Li Qingxin 李慶新, Mingdai haiwai maoyi zhidu 明代海外貿易制度, Beijing 2004.
Li Xianzhang 李獻璋, Maso shinkô no kenkyû 媽祖信仰の研究 [Studies on Belief of Ma-tsu], Tokyo 1979.
Liang Erping 梁二平, Haiyang ditu: Zhongguo gudai haiyang ditu juyao 海洋地圖: 中國古代海洋地圖舉要, Hongkong 2015.
Liao Dake 廖大珂, Lüe lun Zhongguo ren dui Aozhou de zaoqi renshi 略論中國人對澳洲的早期認識, in Xiamen daxue xuebao 廈門大學學報 138 (1999), 81–86.

Liao Dake 廖大珂, „Daoyi zhi" fei Wang Dayuan „Daoyi zhilüe" bian《島夷志》非汪大淵《島夷誌略》辨, in: Zhongguo shi yanjiu 中國史研究 (4/2001), 135–142.
Lim Tai Wei 林大偉 et al., China's One Belt One Road Initiative, London 2016.
Lin Tianwei 林天蔚, Songdai xiangyao maoyi shigao 宋代香藥貿易史稿, Hongkong 1960.
Lin Woling 林我鈴, Longya men xin kao 龍牙門新考, Singapur 1999.
Liu Ying/Chen Zhongping/G. Blue (Hrsg.), Zheng He's Maritime Voyages (1405–1433) and China's Relations with the Indian Ocean World. A Multilingual Bibliography, Leiden etc. 2014.
Liu Yingsheng 劉迎勝, Silu wenhua. Haishang juan 絲路文化. 海上卷, Hangzhou 1995.
Liu Yingsheng 劉迎勝, „Da Ming hunyi tu" yu „Hunyi jiangli tu" yanjiu《大明混一圖》與《混一疆理圖》研究, Nanjing 2010.
Liu Yingsheng 劉迎勝, The Taiwan Strait between the Twelfth and Sixteenth Centuries and the Maritime Route to Luzon, in: Journal of Asian History 46.2 (2012), 167–180.
Lobato, M., Malaca, in: Marques 2000, 11–74.
Lobato, M., Luso-Eurasian Influence in Timor (Early Sixteenth to the Mid-nineteenth Century), in: Journal of Asian History 48.2 (2014), 165–203.
Lombard, D., Une autre 'Méditerranée' dans le Sud-Est asiatique, in: Hérodote 28 (1998), 184–193.
Loureiro, R. M., O manuscrito de Lisboa da Suma Oriental de Tomé Pires (Contribuição para uma edição crítica). Macau 1996.
Loureiro, R. M. (Hrsg.), Suma Oriental, Lissabon 2017.
Lu Yanzhao 魯延昭, Ming Qing Lingding yang quyu haifang dili yanjiu 明清伶仃洋區域海防地理研究, Beijing 2014.
Ma Huan 馬歡 (Verf.), Wan Ming 萬明 (Hrsg.), Ming chaoben „Yingya shenglan" jiaozhu 明鈔本《瀛涯勝覽》校注, Beijing 2005.
Maejima Shinji, The Muslims of Ch'üan-chou at the End of the Yüan Dynasty (2 Teile), in: Memoirs of the Research Department of The Toyo Bunko 31 (1973), 27–51, und 32 (1974), 47–71.
Manguin, P.-Y., Les Portugais sur les côtes du Việt-nam et du Campā. Étude sur les routes maritimes et les relations commerciales, d'après les sources portugaises (XVIe, XVIIe, XVIIIe siècles), Paris 1972.
Manguin, P.-Y., The Sumatran Coastline in the Straits of Bangka: New Evidence for its Permanence in Historical Times, in: SPAFA Digest 3.2 (1982), 24–29.
Manguin, P.-Y., Études sumatranaises. I. Palembang et Sriwijaya: Anciennes hypothèses, recherches nouvelles (Palembang Ouest), in: Bulletin de l'École française d'Extrême-Orient 76 (1987), 337–402.
Manguin, P.-Y., A Bibliography for Sriwijayan Studies, Jakarta 1989.
Marques, A. H. de Oliveira (Hrsg.), História dos Portugueses no Extremo Oriente, Bd. 1, Teil 2, Lissabon 2000.
Matos, L. J. Rodrigues Semedo de, Roteiros e rotas portuguesas do Oriente nos séculos XVI e XVII. Lissabon 2018.
Miksic, J. N., Singapore and the Silk Road of the Sea, 1300–1800, Singapur 2013.
Mills, J. V. G. (Hrsg., Üb.), Ying-yai sheng-lan. The Overall Survey of the Ocean's Shores [1433]. Cambridge 1970.
Moura, C. F., Os roteiros do Japão do Códice Cadaval, in: Stvdia 34 (1972), 155–204.

Oláh, C., Räuberische Chinesen und tückische Japaner. Die diplomatischen Beziehungen zwischen China und Japan im 15. und 16. Jahrhundert , Wiesbaden 2009.

Ollé, M., Estrategias filipinas respecto a China: Alonso Sanchez y Domingo Salazar en la empresa de China (1581–1593), 2 Bde., Barcelona 1998 (Dissertation, Universitat Pompeu Fabra, Barcelona).

Ollé, M., La invención de China. Percepciones y estrategias filipinas respecto a China durante el siglo XVI, Wiesbaden 2000.

Pereira, J. M. Malhão/Jin Guoping, Navegações chinesas no século XV. Realidade e ficção, Lissabon 2006.

Perret, D., La pointe nord de Sumatra et la côte orientale de l'Inde: horizons économiques (XIIe s. – XVIIe s.), in: Archipel 87 (2014), 143–172.

Perret, D./H. Surachman (Hrsg.), Histoire de Barus (Sumatra). III. Regards sur une place marchande de l'Océan Indien (XIIe–milieu du XVIIe s.), Paris 2009 (Bde. 1 und 2: s.o., unter Guillot).

Ptak, R., Some References to Timor in Old Chinese Records, in: Ming Studies 17 (1983), 37–48.

Ptak, R., The Transportation of Sandalwood from Timor to China and Macao, c. 1350–1600, in: Ptak (Hrsg.), Portuguese Asia. Aspects in History and Economic History (Sixteenth and Seventeenth Centuries) (Stuttgart 1987), 87–109.

Ptak, R., Kurze Zusammenfassung der wichtigsten chinesischen Nachrichten zu den Sulu-Inseln während der Ming-Zeit, in: Zeitschrift der Deutschen Morgenländischen Gesellschaft 136.3 (1986), 616–630.

Ptak, R., Yuan and Early Ming Notices on the Kayal Area in South India, in: Bulletin de l'École française d'Extrême-Orient 80.1 (1993), 137–156.

Ptak, R., Images of Maritime Asia in Two Yuan Texts: Daoyi zhilue and Yiyu zhi, in: Journal of Sung-Yuan Studies 25 (1995), 47–75.

Ptak, R., Glosses on Wang Dayuan's Daoyi zhilüe (1349/50), in: Claudine Salmon (Hrsg.), Récits de voyages des Asiatiques. Genres, mentalités, conception de l'espace. Actes du colloque EFEO-EHESS de décembre 1994 (Paris 1996), 127–145.

Ptak, R., Südostasiens Meere nach chinesischen Quellen (Song und Yuan), in: Archipel 56 (1998), 5–30.

Ptak, R., The Eastern Rim of Southeast Asia in Late Medieval and Early Modern Chinese Sources, in: Nanyang xuebao 南洋學報 (Journal of the South Seas Society) 55 (2000), 22–47.

Ptak, R., Quanzhou: At the Northern Edge of a Southeast Asian 'Mediterranean'?, in: A. Schottenhammer (Hg.), The Emporium of the World: Maritime Quanzhou, 1000–1400 (Leiden 2001), 395–427.

Ptak, R., Chinesische Wahrnehmungen des Seeraumes vom Südchinesischen Meer bis zur Küste Ostafrikas, ca. 1000–1500, in: D. Rothermund/S. Weigelin-Schwiedrzik (Hrsg.), Der Indische Ozean. Das afro-asiatische Mittelmeer als Kultur- und Wirtschaftsraum (Wien 2004a), 37–59.

Ptak, R., Reconsidering Melaka and Central Guangdong: Portugal's and Fujian's Impact on Southeast Asian Trade (Early Sixteenth Century), in: P. Borschberg (Hrsg.), Iberians in the Singapore-Melaka Area and Adjacent Regions (16th to 18th Century) (Wiesbaden 2004b), 1–21.

Ptak, R., Exotische Vögel: Chinesische Beschreibungen und Importe, Wiesbaden 2006.

Ptak, R., Die maritime Seidenstraße. Küstenräume, Seefahrt und Handel in vorkolonialer Zeit, München 2007.
Ptak, R., Riesenmuscheln: Notizen zur Bezeichnung chequ, in Ptak (Hrsg.), Marine Animals in Traditional China: Studies in Cultural History. Meerestiere im traditionellen China. Studien zur Kulturgeschichte (Wiesbaden 2010), 121–144.
Ptak, R., Chinese References to Camels in Africa and the Near East (Tang-Mid Ming), in: Ptak (Hrsg.), Birds and Beasts in Chinese Texts and Trade. Lectures Related to South China and the Overseas World (Wiesbaden 2011a), 35–55.
Ptak, R., Some Glosses on the Sea Straits of Asia: Geography, Functions, Typology, in: Crossroads. Studies on the History of Exchange Relations in the East Asian World 1–2 (2011b), 79–98.
Ptak, R., O culto de Mazu: Uma visão histórica (Da dinastia Song ao início da dinastia Qing) / Der Mazu-Kult: Ein historischer Überblick (Song bis Anfang Qing), Lissabon 2012.
Ptak, R., Fujian – Penghu – Taiwan. Frühe Kontakte, nach Texten zusammengefaßt, Wiesbaden 2015a.
Ptak, R., Der Penghu-Archipel und Yuan-China: militärische und wirtschaftliche Überlegungen, in: Saeculum 65.2 (2015b), 271–290.
Ptak, R.: Die Penghu-Inseln während der Song-Epoche. Notizen zum ‚Song zhi-Fragment' im Min shu und zu anderen Quellen, in: Zeitschrift der Deutschen Morgenländischen Gesellschaft 166.1 (2016a), 195–218.
Ptak, R., The Sea Route between Taiwan and the Philippines in Chinese Texts (c. 1100–1600): New Questions Related to an Old Theme, in: Journal of Asian History 50.1 (2016b), 47–71.
Ptak, R., Rethinking Exchange and Empires: From the Mediterranean Idea to Seventeenth-Century Macau and Fort Zeelandia, in: D. Couto/F. Lachaud (Hrsg.), Empires en marche: Recontres entre la Chine et l'Occident à l'âge moderne (XVIe–XIXe siècles) / Empires on the Move: Encounters between China and the West in the Early Modern Era (16th–19th Centuries) (Paris 2017a), 187–206.
Ptak, R., Zheng He und Mazu: Geschichte, Wahrnehmung, Kult, in: Saeculum 67.2 (2017b), 225–257.
Ptak, R., Wegbereiter für Macau: Der Kreis Xiangshan, seine mutmaßliche Entwicklung und allmähliche Einbettung in den Seehandel (ca. 1000–1500), in: Saeculum, voraussichtlich 2020.
Ptak, R./Cai Jiehua, Reconsidering the Role of Mazu under the Early Hongwu Reign: The Case of Guangzhou in 1368, in: Ming Qing yanjiu 20 (2017), 3–20.
Qiu Wenyan 邱文彥, Haiyang wenhua yu lishi 海洋文化與歷史, Taibei 2003.
Qiu Xuanyu 邱炫煜, Zhongguo haiyang fazhan shi shang 'Dongnanya' mingci suyuan de yanjiu 中國海洋發展史上《東南亞》名詞溯源的研究, in: Wu Jianxiong 吳劍雄 (Hrsg.), Zhongguo haiyang fazhan shi lunwenji 中國海洋發展史論文集, Bd. 4 (Taipei 1991), 311–29.
Qu Jinliang 曲金良, Haiyang wenhua yu shehui 海洋文化與社會, Qingdao 2003.
Qu Jinliang 曲金良, Zhongguo haiyang wenhua jichu lilun yanjiu 中國海洋文化基礎理論研究, Beijing 2014.
Qu Jinliang 曲金良/Zhao Chengguo 趙成國, Zhongguo haiyang wenhuashi changbian: Song Yuan juan 中國海洋文化史長編: 宋元卷, Qingdao 2013.
Reid, A., Southeast Asia in the Age of Commerce, 1450–1680, 2 Bde., New Haven 1988–1993.
Salmon, C., Srivijaya, la Chine et les marchands chinois (Xe – XIIe s.). Quelques réflexions sur la société de l'empire sumatranais, in: Archipel 63 (2002), 57–78.

Schottenhammer, A. (Hrsg.), The East Asian 'Mediterranean': Maritime Crossroads of Culture, Commerce and Human Migration, Wiesbaden 2008.
Schottenhammer, A., China's Rise and Retreat as a Maritime Power, in: Antony/Schottenhammer 2017, 189–211.
Shi Ping 時平 (Hrsg.), Haixia liang'an Zheng He yanjiu wenji 海峽兩岸鄭和文集, Beijing 2015.
So Kee-long (Billy K. L. So), Dissolving Hegemony or Changing Trade Pattern? Images of Srivijaya in the Chinese Sources of the Twelfth and Thirteenth Centuries, in: Journal of Southeast Asian Studies 29.2 (1998), 295–308.
So Kwan-wai, Japanese Piracy in Ming China during the 16th Century. East Lansing 1975.
Subrahmanyam, S., Notes on Circulation and Asymmetry in two Mediterraneans, in C. Guillot et al. (Hrsg.), From the Mediterranean to the China Sea: Miscellaneous Notes (Wiesbaden 1998), 21–44.
Sutherland, H., Southeast Asian History and the Mediterranean Analogy, in: Journal of Southeast Asian Studies 34.1 (2003), 1–17.
Tagliacozzo, E., The Hajj by Sea, in: Tagliacozzo/S. M. Toorawa (Hrsg.), The Hajj: Pilgrimage in Islam, Cambridge 2016, 113–130.
Tan Guanglian (K. L. Tam, Tam Kwong-lim) 譚廣濂, Zhongwai gu ditu zhong de Donghai he Nanhai 中外古地圖中的東海和南海, Hongkong 2017.
Tan Ta Sen, Cheng Ho and Malacca, Singapur 2005.
Tan Ta Sen, Cheng He and Islam in Southeast Asia, Singapur 2009.
Tibbetts, G. R., A Study of the Arabic Texts Containing Material on South-East Asia, Leiden und London 1979.
Tischer, J., Mazus neue Heimat: Interpretationen und Institutionen einer chinesischen Göttin in Taiwan, Berlin 2014.
Torck, M., The Unimaginable and Immeasurable? China's Visions of the Pacific – Needham's Views Re-examined, in: A. Schottenhammer/R. Ptak (Hrsg.), The Perception of Maritime Space in Traditional Chinese Sources (Wiesbaden 2006), 141–152.
Turnbull, S. (Verf.)/R. Hook (Illustrator), The Mongol Invasions of Japan 1274 and 1281, London 2010.
Van Deijk-von Kispal, M. G., Die Mongoleninvasionen in Japan. Eine Analyse historischer Berichte, München 2006 (MA-Arbeit).
Verschuer, C. von, Le commerce extérieur du Japon des origines au XVIe siècle, Paris 1988.
Verschuer, C. von, Les relations officielles du Japon avec la Chine aux VIIIe et IXe siècles, Genf 1985.
Villiers, J., The Vanishing Sandalwood of Timor, in: Itinerario 18.2 (1994), 86–96.
Wade, G. (P.), The Pre-Modern East Asian Maritime Realm: An Overview of European-Language Studies, Singapur 2003 (http://www.ari.nus.edu.sg/docs/wps/wps03_016.pdf, zuletzt Oktober 2014).
Wade, G. P., An Early Age of Commerce in Southeast Asia, 900–1300 CE, in: Journal of Southeast Asian Studies 40.2 (2009a), 221–265.
Wade, G. P. (Hrsg.), China and Southeast Asia, 6 Bde., London und New York 2009b (Nachdruck älterer Sekundärwerke).
Wade, G. (P.), The Li (李) and Pu (蒲) 'Surnames' in East Asia-Middle East Maritime Silk Road Interactions during the 10th–12th Centuries, in: R. Kauz (Hrsg.), Aspects of the Maritime Silk Road: From the Persian Gulf to the East China Sea (Wiesbaden 2010a), 181–195.

Wade, G. (P.), Early Muslim expansion in South-East Asia, Eighth to Fifteenth Centuries, in: D. O. Morgan/A. Reid (Hrsg.), The New Cambridge History of Islam. Bd. 3: The Eastern Islamic World, Eleventh to Eighteenth Centuries (Cambridge 2010b), 366–408.

Wade, G. (P.), Southeast Asia in the 15th Century, in: Wade/Sun Laichen (Hrsg.), Southeast Asia in the Fifteenth Century. The China Factor (Singapur 2010c), 3–43.

Wade, G. (P.), Maritime Routes between Indochina and Nusantara to the 18th Century, in: Archipel 85 (2013), 83–104.

Warder, Vu Hong Lian, Mongol Invasions in Southeast Asia and Their Impact on Relations between Dai-Viet and Champa (1226–1326), London 2009 (Dissertation, University of London).

Wheatley, P., The Golden Khersonese: Studies in the Historical Geography of the Malay Peninsula before A.D. 1500, Kuala Lumpur 1961.

Wiethoff, B., Die chinesische Seeverbotspolitik und der private Überseehandel von 1368–1567, Hamburg 1963.

Wolters, O. W., Early Indonesian Commerce. A Study of the Origins of Śrīvijaya, Ithaca (New York) 1967.

Wolters, O. W., The Fall of Śrīvijaya in Malay History, Kuala Lumpur und Singapur 1970.

Wolters, O. W., Restudying Some Chinese Writings on Sriwijaya, in: Indonesia 42 (1986), 1–41.

Wong, R. B., Entre monde et nation: les régions braudeliénnes en Asie, in: Annales 66.1 (2001), 9–16.

Wu Ching-hong, A Study of References to the Philippines in Chinese Sources from Earliest Times to the Ming Dynasty, in: Philippine Social Sciences and Humanities Review 24.1–2 (1959), i–xii, 1–181.

Wyatt, D. J., The Blacks of Premodern China, Philadelphia 2010.

Xi Longfei 席龍飛, Zhongguo zaochuan tongshi 中國造船通史, Beijing 2013.

Xiang Da 向達 (Hrsg.), Liang zhong haidao zhenjing 兩種海道針經. Beijing 2000a.

Xiang Da 向達 (Hrsg.), Zheng He hanghai tu 鄭和航海圖, Beijing 2000b (zusammen mit zwei weiteren Quellen in einem Band).

Xu Qingsong 許青松 et al., Zhongguo lishi bowuguan 中國歷史博物館 (Hrsg.), Tianhou shengmu shiji tuzhi, Tianjin Tianhou gong xinghui tu heji 天后聖母事迹圖志, 天津天后宮行會圖合輯, Hongkong 1992.

Xu Xiaowang 徐曉望, Mazu xinyang shi yanjiu 媽祖信仰史研究, Fuzhou 2007.

Yang Guozhen 楊國楨, Haiyang sichou zhi lu yu haiyang wenhua yanjiu 海洋絲綢之路與海洋文化研究, in: Haiyangshi yanjiu 海洋史研究 7 (2015), 3–8.

Yang Guozhen 楊國楨, Haiyang wenming yu haiyang Zhongguo 海洋文明與海洋中國, Beijing 2016.

Yang Yunzhong 楊允中 (Hrsg.), Zheng He yu haishang sichou zhi lu 鄭和與海上絲綢之路, Macau 2005.

Yu Changsen 喻常森, Yuandai haiwai maoyi 元代海外貿易, Xi'an 1994.

Zhang Jian 張箭, Zheng He xia Xiyang yanjiu lungao 鄭和下西洋研究論稿, 2 Bde., Xinbei shi 2013.

Zhang Wei 張偉, Zhongguo haiyang wenhua xueshu yantaohui lunwenji 中國海洋文化學術研討會論文集, Beijing 2013.

Zheng Hesheng 鄭鶴聲/Zheng Yijun 鄭一鈞 (Hrsg.), Zheng He xia Xiyang ziliao huibian 鄭和下西洋資料彙編, 3 Teile in 4 Bdn., Ji'nan 1980–1989.

Zhou Weimin 周偉民/Tang Lingling 唐玲玲 (Hrsg.), Nanhai tianshu: Hainan yumin „geng lu bu" wenhua quan shi 南海天書: 海南漁民 „更路簿" 文化詮釋, Beijing 2015.

Zhou Yunzhong 周運中, Zheng He xia Xiyang xin kao 鄭和下西洋新考, Beijing 2013.

Zhou Yunzhong 周運中, Zhongguo Nanyang gudai jiaotong shi 中國南洋古代交通史, Xiamen 2015.

Zhou Zhenhe 周振鶴/Lin Hong 林宏, Zaoqi Xifang ditu zhong Aomen diming yu biaozhu fangwei de mituan 早期西方地圖中澳門地名與標注方位的謎团, in: Aomen yanjiu 澳門研究 82 (2016), 58–97.

Zhu Jianqiu 朱鑒秋 (Hrsg.), Bai nian Zheng He yanjiu ziliao suoyin (1904–2003) 百年鄭和研究資料索引 (1904–2003), Shanghai 2005.

Zhu Jianqiu 朱鑒秋 et al. (Hrsg.), Zhongwai jiaotong gu ditu ji 中外交通古地圖集, Shanghai 2017.

Zhu Mingyuan 朱明元 et al. (Hg.), Wang Jinghong yu Zheng He xia Xiyang 王景弘與鄭和下西洋, Hongkong 2004.

Zhu Yafei 朱亞非, Gudai Shandong yu haiwai jiaowangshi 古代山東與海外交往史, Qingdao 2008.

Zhuang Weiji 莊為璣, Yuan mo waizu panluan yu Quanzhou gang de shuailuo 元末外祖叛亂與泉州港的衰落, in: Quanzhou wenshi 泉州文史 4 (1980), 19–26.

Zhuang Weimin 莊維民 (Hrsg.), Shandong haishang sichou zhi lu lishi yanjiu 山東海上絲綢之路歷史研究, Ji'nan 2017.

Zu Person und Werk des Autors

Professor Dr. Roderich Ptak, geboren 1955, studierte Sinologie in Heidelberg und Volkswirtschaft an der University of Guelph in Kanada. Seine sinologische Dissertation ist einem literarischen Thema gewidmet. Während seines Studiums und danach erhielt er Stipendien für längere Aufenthalte in der Volksrepublik China, Hong Kong und Toronto. Von 1983 bis 1986 war er als Wissenschaftlicher Mitarbeiter des Sinologischen Seminars in Heidelberg tätig, nach der Habilitation wurde er dort Professor auf Zeit. Es folgten ein Heisenberg-Stipendium und schließlich der Ruf auf eine Professur in Germersheim (Universität Mainz). Seit 1994 hat er einen Lehrstuhl für Sinologie an der Ludwig-Maximilians-Universität in München inne. Während seiner Jahre in Heidelberg und Germersheim lehrte er zudem kurzzeitig an der École des Hautes Études en Sciences Sociales in Paris, der Universidade de Macau und der Universidade Nova de Lisboa.

Wissenschaftlich interessieren Roderich Ptak vor allem die folgenden Spezialgebiete: Chinas Kontakte zu den maritimen Regionen Südostasiens im späten Mittelalter und in der frühen Neuzeit; Macau und die chinesisch-portugiesischen Beziehungen; Tiere, besonders die Vogelwelt, in alten chinesischen Texten; chinesische Erzählungen der Ming-Periode. Er hat Bücher und Aufsätze zu diesen Themen verfasst, die auf der Internetseite der Münchner Sinologie genannt sind: http://www.sinologie.uni-muenchen.de/personen/professoren/ptak/index.html. Seine jüngsten Bücher heißen: *The Earliest Extant Bird List of Hainan: An Annotated Translation of the Avian Section in Qiongtai zhi* (zusammen mit Hu Baozhu) und *Fujian – Penghu – Taiwan: Frühe Kontakte, nach Texten zusammengefasst* (beide Wiesbaden 2015).

www.ingramcontent.com/pod-product-compliance
Lightning Source LLC
Chambersburg PA
CBHW050114170426
43198CB00014B/2578